복 있는 사람

오직 여호와의 율법을 즐거워하여 그 율법을 주야로 묵상하는 자로다.
저는 시냇가에 심은 나무가 시절을 좇아 과실을 맺으며 그 잎사귀가 마르지 아니함 같으니
그 행사가 다 형통하리로다. (시편 1:2-3)

섬세하면서도 심오한 이 묵상집은 평생 말씀에 귀 기울이며 살아온 삶의 열매다. 예리한 지성과 목회자의 마음을 겸비한 플랜팅가는 성경의 깊은 세계와 비밀에 주파수를 맞추고 있다. 우리도 그와 함께 말씀에 귀를 기울여 이전에 경험하지 못한 방식으로 하나님의 음성을 들어 보자.

제임스 K. A. 스미스 | 칼빈대학교 철학 교수

이 책을 읽다 보면 현명하고 온유한 친구와 마주앉아 대화를 나누는 것 같은 느낌이 든다. 닐 플랜팅가는 말에 탁월한 은사를 받았다. 이 은사는 하나님의 말씀을 다루는 일과, 말이든 글이든 언어를 구사하는 일에서 모두 드러난다. 이 묵상집을 통해 저자는 성경의 낯설고 오래된 세계로 독자를 초대할 뿐 아니라, 그 세계가 아주 친숙해 보이도록 만든다. 하나님의 방식과 우리가 살고 있는 깨어진 세상 모두를 온전한 믿음의 눈으로 바라보는 그의 안내를 따라가다 보면, 우리의 평범한 삶에서 특별한 거룩함을 볼 수 있게 될 것이다.

데이비드 A. 데이비스 | 나소 장로교회 목사

플랜팅가는 잘 알려진 성경 구절에 불빛을 비추어 그 안에 숨겨진 아름다움과 신비를 보여준다. 보석을 발견하고 기뻐하는 지질학자처럼, 그는 이 보석 같은 구절들의 무게, 깨진 부분, 광택을 가리키며 우리가 이전에 보지 못했던 것을 보도록 돕는다. 철저한 연구를 기반으로 아름답게 쓰인 이 책은 우리 시대 교회에 건네는 선물이다.

메리 S. 헐스트 | 칼빈대학교 교목

이 책에는 즐겁게 마련된 영혼의 단백질과 비타민이 가득 담겨 있다. 묵상 글을 읽다 보면 독자는 과식하고 싶은 유혹을 받게 될 것이다. 과식하지 말라. 천천히 읽고 양분을 섭취하라.

로버트 C. 로버츠 | 베일러대학교 명예교수

여러 해 전, 학생이던 나는 닐 플랜팅가의 설교를 듣고 설교자가 되고 싶은 마음을 품었다. 나는 설교를 많이 들으며 자랐지만 플랜팅가의 설교들 (그중 상당수가 이 묵상집에 실려 있다)에서 새로운 가능성을 보았다. 닐은 너무나 친숙하여 오히려 그 의미가 가려져 있던 본문들을 새로운 통찰력과 신중한 주해, 문학적 상상력을 발휘하여 활짝 열어 주었다. 성령께서는 그의 이런 재능들을 사용하셔서 내 지성과 마음을 전부 흔들어 놓으셨다. 이 책을 더없이 강력하게 추천한다.

피터 종커 | 라그레이브 애비뷰 개혁교회 설교목사

하나님의 날개 아래

Cornelius Plantinga Jr.

Under the Wings of God

Twenty Biblical Reflections for a Deeper Faith

하나님의 날개 아래

코넬리우스 플랜팅가 Jr. 지음 | 홍종락 옮김

복 있는 사람

하나님의 날개 아래

2023년 7월 17일 초판 1쇄 인쇄
2023년 7월 24일 초판 1쇄 발행

지은이 코넬리우스 플랜팅가 Jr.
옮긴이 홍종락
펴낸이 박종현

(주) 복 있는 사람
주소 서울특별시 마포구 연남동 246-21(성미산로23길 26-6)
전화 02-723-7183(편집), 7734(영업·마케팅) 팩스 02-723-7184
이메일 hismessage@naver.com
등록 1998년 1월 19일 제1-2280호

ISBN 979-11-7083-008-5 03230

손주들인 미카엘라, 벤, 아데, 헤일리, 파커에게

이 책을 바칩니다

차례

추천의 글

여러분은 지금 닐 플랜팅가의 성경 묵상집을 손에 들고 있습니다. 팔복에 관한 책을 쓰고 있다는 소식을 몇 년 전에 듣고는 언제 나오나 기다리고 있었는데 뜻밖에 묵상집을 먼저 읽게 되었습니다. 닐 플랜팅가는 한국의 독자들에게 낯선 인물이 아닙니다. 기독교 세계관을 설명하는 『기독 지성의 책임』이 오래전에 출간되었고, 설교자들의 독서를 다룬 『설교자의 서재』와 죄의 문제를 다룬 『우리의 죄, 하나님의 샬롬』이 근래에 복 있는 사람에서 출간되었기 때문입니다.

닐 플랜팅가는 조직신학 교수로 칼빈신학대학원에서 오랫동안 가르쳤으나 전형적인 학자의 길을 걷지는 않았습니다. 칼빈대학교 교수를 거쳐 노터데임대학교 교수로 오래 지낸 그의 큰형 앨

빈 플랜팅가는 탁월한 철학자입니다. 예일대학교 음대 교수였던 그의 둘째 형은 탁월한 피아니스트입니다. 세 아들 가운데 막내인 닐 플랜팅가는 칼빈신학대학원 조직신학 교수였고 『우리의 죄, 하나님의 샬롬』과 같은 좋은 저서를 낸 신학 교수요, 칼빈신학대학원 명예총장 겸 칼빈 기독교 예배 연구소 선임 연구원으로 활동하고 있는 학자이지만 누가 뭐라 해도 그는 탁월한 설교자입니다. 그의 설교는 소문나 있습니다. 유려한 영어 구사와 뛰어난 수사에서 오는 호소력 외에도 생각지 못한 기발하고 독특한 성경 해석과 적용이 그의 설교의 매력입니다.

여러분은 이 묵상집을 읽을 때 플랜팅가의 설교가 가진 이러한 매력을 어렵지 않게 체험하게 될 것입니다. 성경 본문을 상투적으로 이해하지 않고, 지금까지 듣고 생각했던 것과는 다르게, 좀 더 깊이, 때로는 낯설게 읽는 방식으로 보게 될 것입니다. 플랜팅가는 이것을 독자들이 이 책의 묵상에 참여할 때 얻게 될 소득으로 보고 있습니다. 플랜팅가가 자신의 책을 설교가 아니라 묵상집으로 제안하고 있다는 점에 주목할 필요가 있습니다. 스무 편의 묵상에는 설교에서 흔히 볼 수 있는 삼대지(Three Points)나 사대지(Four Pages)가 없습니다. 플랜팅가는 우리에게 너무나 익숙한 말씀들을 가지고 통상 해오던 방식과는 다르게 씹고 또 씹도록 우리를 인도해 줍니다. 씹고 또 씹는다는 의미에서 플랜팅가의 글은 '반추' 또는 '묵상'이라 부를 수 있습니다. 묵상은 성경 구절을 눈으로 읽고 지나치거나 소리로 듣고 다 알았다는 듯 넘어가는 읽기와는 구별됩니다. 성경을 듣거나 읽을 때, 입안에 넣은 포도알처럼 씹고 또 씹어 단맛을 충분히 맛볼 때까지 반복해서 말씀을 입에 담고, 생각의 실을 자아 가며, 자신의 삶과 말씀을 줄곧 연관시켜 보는 활동이 묵상입니다. 시편 1:2에서 여호와의 율법을 주야로 묵상한다고 할 때의 묵상, 히브리어로 '하가'(הָגָה)라고 부르는 활동이 여기서 말하는 묵상입니다. 그러므로 '초월 명상'이나 '관상'과 다릅니다.

여러분이 이 책을 읽을 때 마음에 담아 두었으면 하는 몇 가지를 제안해 보겠습니다.

이 책은 스무 편의 묵상으로 이루어져 있습니다. 한꺼번에 읽으려고 하지 마십시오. 하루에 한 편을 읽거나 이틀에 한 편, 또는 일주일에 한 편을, 홀로 읽거나 소그룹으로 함께 읽으면 좋겠습니다. 먼저 묵상의 대상이 되는 해당 성경 구절을 앞뒤 구절과 연관해서 충분히 읽으십시오. 그리고 그 말씀을 먼저 자세하게 들여다보십시오. 플랜팅가의 묵상을 소리 내어 읽어 보십시오. 이 과정에서 발견한 내용을 적어 보십시오. 그리고 이 내용을 자신에게 적용해 보십시오. 소그룹으로 함께 읽을 경우에 이 내용을 서로 나누어 보십시오. 상황에 따라, 주어진 시간에 따라 다양한 방식으로 해볼 수 있으나 무엇보다 천천히, 서두르지 말고, 조금씩 단계대로 하라고 권하고 싶습니다.

성경 묵상을 통해 우리가 기대할 수 있는 것은 결국 그리스도를 닮은 성품입니다. 평안, 오래 참음, 겸손, 자기부정, 사랑, 공감, 환대, 배려, 이 모든 미덕들은 성령께서 말씀을 통해 우리가 예수 그리스도를 닮도록 빚어내시는 성품입니다. 이러한 성품을 가지고 이 땅에서 살아갈 때, 그리스도인은 하나님 아버지를 기쁘시게 하고 이웃에게 유익을 끼칠 수 있습니다. 이 책에 담긴 묵상의 방식으로 하나님의 말씀을 천천히, 조금씩 묵상하는 습관을 키워 보면 말씀과 함께 역사하시는 성령으로 선한 성품이 빚어지고, 선한 성품의 결과로 선한 삶의 열매가 맺히게 될 것입니다.

각 묵상마다 마지막에 짧은 기도문이 있습니다. 이 기도문에는 묵상의 핵심이 담겨 있습니다. 읽은 말씀으로 묵상하고, 묵상한 내용으로 기도하는 습관도 우리에게 필요합니다. 성경 읽기 따로, 기도 따로 하는 것이 아니라 읽기와 묵상, 기도가 하나가 되어야 합니다. 이 책을 가지고 묵상 연습을 하여 읽기와 묵상과 기도의 하나 됨을 체득해 보시기 바랍니다. 그리하여 우리 모두가 하나님 나라의 시민으로 이 땅에서 선한 삶을 당당하고도 겸손하게 살아가면 좋겠습니다.

2023년 7월

강영안 (칼빈신학대학원 철학신학 교수)

들어가며

그리스도인들은 오래전부터 몇 가지 영적 훈련을 실천하여 경건을 굳건히 하는 데 도움을 받고자 했다. 기도, 금식, 고독, 침묵, 선행, 성경 공부 등이 그것이다.

여기에 성경 묵상 또는 사색을 추가할 수 있다. 성경 묵상을 실천하는 사람은 말씀을 심사숙고하고 깊이 따지고 곰곰이 생각한다. 성경 구절을 되새김질하듯 곱씹어, 거기서 나오는 즙을 삼킨다고 말할 수 있다. 간단히 말해 그들은 하나님의 말씀을 양식으로 삼는다.

이 책에 실린 스무 편의 묵상은 이 부분에서 도움이 되고자 썼다. 일부 묵상 글은 성경 본문을 좀 더 깊이 들여다보는 데 도움이 될 것이다. 우리는 성경 본문이 말하는 내용을 오해하게 만드는 피상적 성경 읽기를 피하려 한다. 예를 들어 마가복음 4:25에서 예수님은 이렇게 말씀하신다. "가진 사람은 더 받을 것이요, 가지지 못한 사람은 그 가진 것마저 빼앗길 것이다"(새번역). 피상적으로 이 말씀을 읽으면 우리에게 익숙한 사실, 곧 부자는 더 부자가 되고 가난한 사람은 더 가난해지는 경향을 예수님이 지지하시는 것처럼 보인다. 그러나 예수님은 전혀 다른 내용을 염두에 두고 계셨다. 이 묵상집에서 '영적 가속도'(16장)라는 글이 이 부분을 다루고 있으니 그 내용을 깊이 생각해 보기 바란다.

이 책의 표제 글인 '하나님의 날개 아래'(1장)도 생각해 보자. 이 글이 묵상하는 시편 91편에는 신자들에 대한 과한 약속이 담겨 있다. 가장 높으신 분을 거처로 삼으면 "어떤 불행도 찾아오지 않을 것"(91:10, 새번역)이라고 말하는 이 본문을 피상적으로 읽으면, 신자에겐 불행이나 사고, 질병, 배우자의 배신을 비롯한 그 어떤 나쁜 일도 닥치지 않을 거라는 말처럼 보인다. 그러나 그것은 명백히 거짓이다. 신자들은 매일 불행을 겪는다. 하지만 여기에는 믿을 만한 약속이 담겨 있다. 성경의 더 크고 광범위한 가르침을 고려할 때 추론할 수 있는 약속이다. 따라서 성경 묵상의 주요한 이점 중 하나는, 성경을 피상적으로 읽는 수준을 넘어 그 내용을 진지하게 생각할 때 우러나오는 깊은 의미를 발견할 수 있다는 것이다. 이 책의 모든 묵상은 이런 식으로 "하나님의 날개 아래"에서 이루어진다.

성경을 묵상해야 하는 또 다른 합당한 이유는, 사랑하고 미워하는 우리의 능력을 말씀 묵상을 통해 더욱 날카롭게 다듬을 때우리가 적절한 대상을 사랑하거나 미워할 수 있기 때문이다. 로마서 12:9에서 바울은 "사랑에는 거짓이 없어야 합니다. 악한 것을미워하고, 선한 것을 굳게 잡으십시오"(새번역)라고 적는다. 미국의 가장 위대한 신학자 조나단 에드워즈(Jonathan Edwards)는 악한것을 미워하고 선한 것을 사랑하는 것이 참된 종교의 핵심이라고말했다.[1] 성경 묵상을 통해 우리는 모든 악한 일, 곧 모든 거짓과사기, 우상숭배, 폭행, 불의, 배은망덕, 간음, 잔인함을 미워하는 법을 배운다. 그리고 사람은 대체로 자신이 미워하는 바를 멀리하는방식으로 행동한다. 그런가 하면 우리는 성경 묵상을 통해 모든 경건, 곧 믿음, 소망, 긍휼, 친절, 겸손, 오래 참음, 공평함을 사랑하는법을 배운다. 그리고 하나님을 사랑하는 법을 배운다. 사람은 대체로 자신이 사랑하는 바를 가까이하는 방식으로 행동한다. 이 묵상집에 수록된 몇 가지 묵상이 사랑하고 미워하는 우리의 능력을 연마하는 데 도움이 될 것이다. 예를 들어 '만약의 경우를 위한 신'(8장)은 우상숭배를 더욱 미워하게 만들고, '오래 참음으로 옷 입으십시오'(6장)는 놀라울 만큼 강력한 미덕인 오래 참음을 더욱 사랑하게 해준다.

끝으로 성경 묵상은 하나님 나라의 좋은 시민으로 살아가는법을 파악하는 데 도움이 된다. 이것이 사랑하고 미워하는 우리의 능력을 적절히 연마한다는 말의 명백한 의미다. '받는 쪽'(10장)은 우리에게 어린아이처럼 되어서 하나님의 사랑을 그저 받고 그것에 의지하여 살아가라고 초대한다. 여기서 의심이나 회의는 필요 없다. 하나님의 사랑의 임재는 명백한 선이며, 그 임재를 누리는 것이 성공적인 그리스도인의 삶의 열쇠다.

여러분이 이 묵상집에서 유익한 내용을 발견하기를 바란다. 그렇게 된다면 이 책을 내는 내 목적은 다한 셈이다.

그리고 한 가지 당부사항이 있다. 각 묵상은 성경 본문으로 시작하는데, 이 본문을 그냥 건너뛰지 말라. 해당 본문에 친숙하지 않은 상태에서는 그 본문에 대한 묵상이 크게 유익을 주지 못할 것이다. 성경 본문 속으로 깊숙이 들어가라. 그 내용을 곰곰이 따져 보라. 깊이 생각하라. 그러면 내가 제시하는 내용을 훨씬 잘 이해할 수 있을 것이다.

하나님의
날개 아래[1]

1

시 91:1-16

그가 너를 그의 깃으로 덮으시리니

네가 그의 날개 아래에 피하리로다(시 91:4).

많은 어른들이 이제는 희미해진 어린 시절의 어떤 느낌을 떠올리곤 한다. 어릴 때 가족 안에서 느꼈던 안도감 말이다. 누군가가 보호하고 지켜 주고 있어서 절대적으로 안전하다는 느낌. 크고 강하고 경험 많은 사람이 책임지고 있다는 느낌. 정상적인 가정의 아이는 이런 느낌을 자주 경험한다. 어른들은 더 이상 그러지 못하기 때문에 아쉬워한다.

여러 해 전, 고전적인 TV 프로그램 「캔디드 카메라」(몰래카메라—옮긴이)에서 어떤 사람이 50대의 우람한 트럭 운전사를 인터

18

뷰했다. 질문자는 만약 원하는 나이가 될 수 있다면 몇 살이 되고 싶으냐고 물었다. 트럭 운전사가 질문을 곰곰이 생각하는 동안 침묵이 흘렀다. 그는 무슨 생각을 했을까? 혹시 빨리 65세가 되어 은퇴하기를 바랐을까? 그래서 켄워스 대형 세미트럭을 존디어 잔디 깎는 기계로 바꾸고 싶었을까? 아니면 열여덟 살로 돌아가 과거에 놓쳤던 기회를 잡아 보고 싶었을까?

트럭 운전사는 차분히 생각해 보았다. 어떤 나이든 될 수 있단 말이지. 마침내 그는 질문자를 바라보더니 자신에게 선택권이 있다면 세 살이 되고 싶다고 말했다. 세 살? 왜 **세 살**이냐고 인터뷰 진행자가 물었다. 트럭 운전사가 말했다. "뭐, 세 살 때는 아무런 책임이 없으니까요."

처음 그 인터뷰를 들었을 때, 나는 그 사람이 재치 있게 보이려는 건가 했다. 그러나 지금 생각해 보면 그는 아쉬움을 토로한 것이었다. 아이일 때는 져야 하는 부담이 작다는 것을 그는 알았다. 제대로 된 가정에서라면 말이다. 집 기둥의 흰개미 따위는 염려하지 않고 잠자리에 들 수 있다. 다리 저림이 낯선 신경질환의 증상은 아닌지 신경 쓰지 않는다. 국세청 공무원이 내 세금 공제 항목을 너무 창의적이라고 생각할까 봐 밤늦게까지 고민하지 않는다. 집 안 어디선가 들려오는 어른들의 나지막한 대화 소리에 안도하며 이불 속에서 기분 좋게 꼼지락거린다. 잠이 들락말락 하는 멋진 상태가 한동안 이어진다. 그러다 까무룩 잠이 든다.

아이가 그럴 수 있는 것은 아침에 변함없이 깨어날 거라는 생각 때문이기도 하지만 부모의 날개 아래에서 잠자기 때문이기도 하다. 부모의 제대로 된 보살핌을 받는 아이는 마음 놓고 잠들 수 있다. 크고 강하고 경험이 많은 부모가 책임진다는 것을 알기 때문이다. 아이의 생각에 부모는 밤새 깨어 문과 창문을 단속하고 집안 온도를 조절하고 침입자를 쫓아낸다. 그들은 결코 할 일을 쉬는 법이 없다. 집에 그늘이 드리우거나 귀신이 나타난다 해도 부모가 알아서 처리할 것이다. 이런 믿음이 있기에 아이들은 잘 잔다. 그들의 집은 안전하고, 아이들은 그런 집을 좋아한다. 그래야 마땅하다.

어른들이 이런 안도감에 얼마나 목말라 하는지 알면 아이들은 아마 깜짝 놀랄 것이다. 어른들도 지켜 줄 누군가가 필요하다. 어떤 어른들은 배신을 경험한다. 늙어 버린 자신의 모습을 마주하기 싫어 한다. 인생이 바라던 대로 풀리지 않아 크게 실망한다. 임상 병리실에서 방금 나온 검사 결과에 충격을 받는다. 소중한 사람들에게 말도 못하게 무시당하는 경우도 있다. 팽팽하게 당겨진 피아노선처럼 바짝 긴장하며 살아간다.

시편 91편의 기자는 이런 모든 사람에게 위로의 말을 건넨다. **하나님이 우리의 피난처시다.** 이것은 성경의 위대한 주제 중 하나다. "그가 너를 그의 깃으로 덮으시리니 네가 그의 날개 아래에 피하리로다"(91:4).

이 구절에는 독수리 또는 암탉의 이미지가 등장한다. 둘 다 위험을 감지하고 새끼들을 보호하려고 날개를 펴는 새의 모습이다. 한 조류 전문가는 내게 그런 움직임이 아주 흔하다고 말했다. 새는 포식자가 접근하거나 뭔가가 떨어질 때 위험을 감지하고 본능적으로 날개를 차양처럼 펼친다. 그러면 새끼들이 피할 곳을 찾아 그 아래로 허둥지둥 들어간다. 이런 움직임은 너무나 본능적이라서 어른 새는 주위에 어린 새가 없어도 날개를 펼친다.

그리고 이 아름다운 장면을 틀림없이 보았을 시편 91편의 기자는 하나님을 떠올린다. "그가 너를 그의 깃으로 덮으시리니 네가 그의 날개 아래에 피하리로다." 바람이 거칠게 불어올 때 하나님이 우리의 피난처가 되신다는 것이다. 하나님의 날개 아래에서 우리가 보호를 받고 지켜지고 완벽하게 안전하다는 것이다. 우리를 책임지는 존재가 있다는 것이다. 그분은 크고 강하고 노련하시다. 할 일을 쉬는 법이 없으시다.

존 티머(John Timmer)는 그의 책에서 제2차 세계대전 발발 당시 네덜란드에서 소년으로서 경험했던 일을 이야기한다. 며칠 전에 독일군이 침공했는데 앞으로 무슨 일이 있을지 아무도 몰랐다. 그러는 사이에 1940년 5월의 두 번째 일요일이 되었다. 티머 가족은 하를렘의 집에서 저녁 식탁에 둘러앉아 있었다. 그때 갑자기 공습경보가 울렸고 독일군 폭격기들이 윙윙대는 소리가 들렸다.

당연히 모두 겁에 질려 정신이 나갈 지경이 되었다. 존의 아버지가 말했다. "거실로 나가자. 거기가 집에서 가장 안전한 곳이라더구나." 거실에서 그가 다시 말했다. "우리 기도할까? 달리 할 수 있는 일이 없어."

존 티머는 아버지가 뭐라고 기도했는지 오래전에 잊어버렸지만 한 구절만은 기억하고 있었다. 그 기도의 어디쯤에서 티머 씨는 히틀러의 공군으로부터 가족을 지켜 주시기를 구하면서 이렇게 말했다. "오, 하나님, 주의 날개 그늘 아래로 우리가 피합니다."[2]

하나님이 우리 위로 날개를 펴시는 모습은 모든 유대인과 그리스도인이 대대로 외우고 귀중하게 여겼던 이미지다. 그것은 어린 시절에 둥지 같은 집에서 느끼던 안도감을 되찾으라고 초대하기 때문이다. 공포에 떠는 어린 시절을 보낸 이에게는 이제 안도감을 찾으라고 초대한다.

이 안도감은 아주 특별한 감정이며, 더없이 무감각한 그리스도인이 아니라면 이에 대해 무덤덤할 수 없을 것이다.

그런데 가만히 생각해 보면 한 가지 거북한 질문이 우리를 괴롭힌다. 하나님이 피난처가 되시는 그림은 얼마나 **참될까**? 우리는 둥지에서 얼마나 안전할까? 1940년 5월 둘째 주 일요일에 하나님께 날개를 펴달라고 간구했던 다른 네덜란드 가족의 경우, 독일 공군의 폭탄들이 그 날개를 뚫고 집과 그 안의 사람들을 산산조각

냈을 것이다.

시편 91편을 읽으면 의아해지기 시작한다. 그 말씀이 너무나 포괄적인 보호를 약속하기 때문이다. "그가 너를 그의 깃으로 덮으시리니 네가 그의 날개 아래에 피하리로다……너는 밤에 찾아오는 공포와 낮에 날아드는 화살과 어두울 때 퍼지는 전염병과 밝을 때 닥쳐오는 재앙을 두려워하지 아니하리로다"(91:4-6).

정말? 이런 것들을 두려워할 필요가 없다고? 위험한 동네에서 창문을 열어 놓고 잘 수 있을까? 밤에 찾아오는 공포(테러)를 두려워하지 않을까? 아이의 체온이 치솟고 백혈구 수치가 뚝 떨어지는데, 어두울 때 퍼지는 전염병을 두려워하지 않을까? 배우자가 열이 나고 약해지고 두통이 심한데, 밝을 때 닥쳐오는 재앙을 두려워하지 않을까? 정말로? 이런 말들을 정직하게 할 수 있는 믿음의 수준이 존재할까? 시편 91편이 하나님의 말씀이지만 시라는 점을 모두 감안한다 해도 말이다.

진실을 직시하자. 하나님의 보호하시는 날개를 믿는다고 해서 물리적 위험이 사라지는 것은 아니다. 예방 조치의 필요성이 없어지는 것도 아니다. 중동 여행 주의보를 무시하거나 캠핑 여행 도중에 야생동물에게 먹이를 주거나 고속 오토바이를 타고 몇 대의 주차된 자동차를 한 번에 뛰어넘으면서 하나님이 안전하게 지켜주실 것이라고 말할 수는 없다. 말보로 모델처럼 줄담배를 피워 대면서 폐암에 안 걸리는 근거로 시편 91편의 약속을 내세울 수는 없다. 이런 일을 하는 사람은 시편 91편을 분별없이 읽은 어리석은 신자일 것이다.

놀랍게도 마태복음에서 사탄은 성전 꼭대기에서 예수님을 시험할 때 시편 91편을 인용한다(마 4:5-7). 사탄은 예수님에게 "뛰어내리라"고 말한다. 시편 91:11-12에서 하나님이 천사들을 보내 너를 지키실 거라고 하지 않았느냐면서 말이다. 예수님은 하나님을 시험하는 것이 옳지 않다고 대답하신다. 하나님의 보호는 특정 사건에만 유효하고 제한 조건이 붙는 것 같다. 예수님은 우리가 바보처럼 행동하면서 하나님이 곤경에서 구해 주시길 기대하면 안 된다고 가르치신다. 물론 하나님은 그런 상황에서도 우리를 구하실 수 있다. 그런 경험을 한 이들이 있을 것이다. 그러나 그런 상황에서 하나님의 구출을 **당연하게 기대해선** 안 된다.

그리고 때때로 신자들은 어리석은 행동을 한 것이 아닌데도 심각하게 다쳐 심각한 부상을 입는다. 우리 가족이 탄 차를 음주 운전자가 들이받는 경우를 생각해 보라. 폭풍 속에서 I자형 빔이 덮치는 상황은 어떤가.

독실한 중년의 그리스도인 여성이 8월의 어느 날 몸이 좋지 않아 주치의를 찾는다. 주치의의 조언대로 여러 검사를 받고 전문의도 만났는데, 전문의가 더 많은 검사를 권한다. 마침내 검사 결과가 나오고 의사가 말한다. "부인, 안됐지만 하시던 일을 정리하시는 게 좋겠습니다." 의사는 치료와 검사에 대해 많은 말을 하고 그녀를 되도록 안심시키려는 좋은 의도에서 온갖 말을 줄줄이 이어 간다. 그러나 그녀의 귀에는 아무것도 들리지 않는다. 머릿속에 떠오르는 거라곤 자신의 나이가 마흔여섯이라는 것과 큰아이 결혼하는 것도 못 보고 부모님보다 먼저 죽겠구나 하는 생각뿐이다.

하나님의 날개에 무슨 일이 생긴 것일까? 그 날개 아래서 뇌수술을 받을 수 있을까? 가족에게 성추행당하는 일이 가능할까? 뉴욕 지하철에서 어느 무정한 10대가 휘두른 칼에 찔리는 일은? 어느 여름날 갑자기, 열일곱 살짜리 자녀가 생판 모르는 사람처럼 낯설어지고 가정의 모든 것이 걷잡을 수 없이 무너지는 상태를 받아들일 수 있을까?

하나님의 날개는 어디로 가버린 걸까?

우리를 괴롭히는 것은 신자들이 다른 모든 사람처럼 고난을 겪는다는 사실이 아닌 것 같다. 하나님의 자녀가 언제나 노아와 그 가족처럼 홍수에서 구원을 받는다면, 누군가 그리스도인에게 총을 겨눌 때마다 그 총이 살라미 소시지로 바뀐다면, 미움과 질병, 테러로부터 항상 안전하다는 보장을 받는다면, 교회 성장을 염려할 필요가 없을 것이다. 그렇지 않은가! 기독교 신앙에 따라오는 복지 혜택을 받으려는 사람들로 교회마다 자리가 꽉꽉 찰 테니 말이다. 부자가 되거나 행복해지고 싶어서 그리스도인이 되는 사람들은 **이미** 존재한다. 신자가 됨으로써 가난, 사고, 죄의 삶으로부터 전면적인 보호를 받는다면, 온전한 믿음이 과연 남아나겠는가?

세상의 고난에는 신자의 몫도 있다는 사실이 우리를 놀라게 하는 것이 아니다. 우리는 고난을 **예상해야** 한다는 것을 각자의 경험과 성경의 다른 부분을 통해 이미 배웠다. 그럼에도 우리가 걱정하는 이유는 시편 91편이 우리에게 걱정하지 말라고 말하기 때문이다. "네 왼쪽에서 천 명이 넘어지고, 네 오른쪽에서 만 명이 쓰러져도, 네게는 재앙이 가까이 오지 못할 것이다"(91:7, 새번역). 이 말씀은 내용이 너무 좋기만 해서 사실일 리 없는 광고처럼 느껴진다. "가장 높으신 분을 너의 거처로 삼았으니, 네게는 어떤 불행도 찾아오지 않을 것이다"(91:9-10, 새번역). 이 말씀이 우리를 불편하게 만든다. 어떤 불행도 없다고? 그러면 바울에게 일어난 일은 무엇인가? 스데반은 어떻고? 우리 주님이 당하신 일은 어떻게 이해해야 하는가? 주님은 암탉이 병아리들을 모으듯 예루살렘 시민들을 모으기 원하셨다. 그리고 어느 날, 군인들이 그분을 도성 밖으로 끌고 가 십자가에 그분의 날개를 못 박았다.

그러면 시편 91편이 말하는 바는 무엇일까? 그 화려한 약속들은 어떻게 우리에게 하나님의 말씀이 될 수 있을까?

시편 91편은 믿음의 **한 가지** 정서를 표현하고 있는 것이다. 그것은 대단히 아름답고 귀중하지만, 믿음의 여러 정서 중 **하나**일 뿐이다. 하나님의 보호하시는 섭리에 대한 열렬한 확신의 정서다. 아마도 시편 기자는 어떤 위험한 사건에서 하나님의 보호를 받았을 것이고 그래서 하나님을 찬양하고 있다.

다른 날, 다른 정서에서—인생의 어두운 시점에서— 그는 절망감과 버림받은 느낌을 안고서 하나님을 불렀을 것이다. 우리 주님이 십자가에 못 박히셨을 때, 그분은 하나님께 "나의 하나님, 나의 하나님, 어찌하여 나를 버리셨나이까?" 하고 외치셨다. 거기서 주님은 시편 한 편(시 22:1)을 인용하셨음을 기억하자. 하나님의 섭리 아래서 우리에게 일어날 수 있는 일에 대한 절망과 경악 또한 자연스럽고 성경적인 반응이다.

시편 91편은 우리에게 어떤 불행도 닥치지 않을 거라고 말한다. 반면에 시편의 다른 시들과 성경의 나머지 부분은 실제적인 악한 가운데에서 역사하시는 하나님을 증언한다. 성경의 이 두 증언을 함께 검토하면, 어떤 **최종적** 악도 우리에게 닥치지 않으리라는 것이 시편 91편의 가르침이라는 결론을 내릴 수 있겠다. 우리는 온 마음을 다해 하나님을 믿을 때도 아이를 잃거나 배우자에게 배신당하거나 치명적인 질병에 걸려 마음이 부서질 수 있음을 안다. 우리는 그 사실을 안다. 모든 사람이 안다. 하지만 성도들은 이 외의 다른 사실도 알고 그에 대해 대대로 말해 왔다. 믿음의 신비 안에서 우리는 어둠 속에서 우리를 붙드는 손, 우리 이름을 부르는 음성, 이생뿐 아니라 내세의 그 어떤 것도 우리를 하나님의 사랑에서 끊을 수 없다는 순전한 확신을 발견한다. 상처 입고 흔들릴 수 있지만, 우리는 그 와중에도 사랑받는 존재다.

우리는 암탉의 날개 아래로 달려가는 어린 새들과 같다. 악한 세력이 있는 힘을 다해 그 날개를 공격한다. 악한 자의 쇠스랑, 폭풍 속에서 쓰러진 큰 나뭇가지, 비와 우박, 이 모두가 그 날개를 덮친다. 악이 한껏 벌인 심한 짓이 끝나고 나면, 그 날개는 피투성이가 된 채 망가지고 휘어진다. 사실을 말하자면, 그 모든 혼란 속에서 우리는 상당한 고통을 겪는다.

그러나 그 날개는 단 한 번도 접힌 적이 없다. 그래서 어떤 최종적 악도 우리에게 미칠 수 없다. 그 날개는 십자가 위에 펼쳐져서 우리의 허물을 위해 찔리고 우리의 죄악 때문에 상했다. 깃털이 더 이상 나부끼지 않을 때, 우리는 고개를 내밀어 보고 유일하게 안전한 곳에 있었음을 알게 된다. 그렇다. 우리는 부딪치고 멍들고 상처 입는다. 때로는 상처가 아주 크다. 그러나 다른 선택지는 죽음이다. 하나님의 품에서 나오는 것뿐이다. 우리가 그 날개 아래 머물지 않았다면, 십자가의 그늘 아래 있지 않았다면, 우리를 너무나 사랑하셔서 그 무엇이 요란한 소리를 내며 날아와도 날개를 거두지 않으셨던 분의 몸의 떨림을 느끼지 못했을 것이다. 그분의 신음소리도 듣지 못했을 것이다. 바로 이분이 우리를 최종적인 악에서 보호하신다. 현재도 그렇고 내세에서도 그렇다. 하나님이 마침내 날개를 접으셔도 안전한 그날까지 말이다.

"그가 너를 그의 깃으로 덮으시리니 네가 그의 날개 아래에

피하리로다." 이것은 단순하지는 않지만 분명한 진리다. 우리는
이 진리를 바로 오늘 마음에 새겨야 한다.

오 하나님, 주의 날개를 우리 위에 펴소서.

우리를 보호하소서. 예수님의 이름으로 기도합니다. 아멘.

활보하시는 하나님

막 5:1-20

> [그들이] 예수께 이르러 그 귀신 들렸던 자 곧 군대 귀신 지폈던 자가 옷을 입고 정신이 온전하여 앉은 것을 보고 두려워하더라 (막 5:15).

이 이야기에는 복음의 더없이 거친 면모가 등장한다. 폭력이 난무한다. 귀신 들린 사람이 쇠고랑을 끊고 쇠사슬을 깨뜨린다. 소리를 질러 대며 돌로 제 몸에 상처를 낸다. 예수님에게 달려들어 소리를 지르고 간청을 한다. 자기를 괴롭히지 말아 달라고 간청한다. 이 가엾은 사람은 예수님이 제 안의 귀신을 하나씩 끌어내려 하신다고 생각한 듯하다. 그는 그 과정이 너무 고통스러울 거라고, 하나님을 들먹이며 애원한다.

알다시피 축귀는 빠르게 이루어져야 한다. 그것은 팔에서 반창고를 떼는 일과 같다. 꾸물거리면 안 된다.

그리고 예수님은 꾸물거리시지 않는다. 비명을 지르는 이 사람 안의 모든 귀신을 한 번에 쫓아내신다. 쫓겨난 귀신들은 돼지 떼에 들어갔고 돼지들과 함께 호수로 뛰어들었다.

정말 대단한 이야기다! 자, 마가는 나름의 고유한 방식으로 예수님에 대해 들려준다. 마가가 복음서 이야기를 펼쳐 나가면서 정말 하고 싶은 말은 예수 그리스도를 통해서 하나님이 활보하신 다는 것이다. 하나님은 활보하시고, 우리는 그분의 해방시키시는 능력에서 결코 안전하지 않다. 마가는 마치 이렇게 말하는 것 같다. "친구들이여, 복음을 믿으세요. 하나님이 예수 그리스도 안에서 여러분을 **뒤쫓고** 계십니다."

마가는 자신의 복음서에서 인간의 문제가 무엇인지 말하고, 예수님이 어떻게 그 문제의 답이 되시는지 말한다. 우리의 문제는 하나님께로 돌아가려 애쓰면서 유리 천장에 자꾸 머리를 찧는 것이 아니다. 오히려 정반대다. 도널드 주엘(Donald Juel) 교수가 말한 대로, 예수님이 세례 받으실 때 하늘이 열린 것은 우리가 하나님께 갈 수 있게 하려는 것이 아니라 하나님이 **우리에게** 오시게 하기 위해서다.[1] 하나님이 우리에게 오시려는 이유는 우리가 도망자이기 때문이다. 우리는 탈주자다. 우리는 가인이나 요나, 탕자와 같다.

마가는 하늘이 열리고 하나님이 나오셨다고 말한다. 하나님이 예수라는 사람 안에서 우리를 뒤쫓으신다. 예수님은 하나님을 사람들이 원하는 정도보다 훨씬 가까이 모셔 온다. 그럴 때, 사람들은 겁을 먹는다. 마가복음 5장의 예수님은 유치원생들을 무릎에 앉히는 부드러운 구주가 아니다. 무덤에서 귀신들과 싸우는 거친 구주다. 2,000마리 돼지 떼를 죽음의 행진으로 모는 구주다. 눈에 불꽃이 이는 구주다.

예수님은 그 어머니에 그 아들이었다. 마리아는 사나운 여인이었지 않은가. 대단히 사나운 처녀였다! 어린 소녀 마리아는 누가복음 1장에 나오는 찬양에서 하나님이 교만한 자들을 흩으시고 권력자들을 높은 자리에서 끌어내리신다고 노래한다. 이 하나님은 부자들이 먹을 것을 달라고 호소할 때 빈손으로 돌려보내시는 분이다. C. S. 루이스는 마리아의 찬양에서 하나님의 반대편으로 넘어간 사람들에게 임하는 온갖 재난에 대한 "소름 돋는 기쁨"을 볼 수 있다고 썼다.[2]

예수님은 그런 어머니를 닮았다. 때로는 부드럽지만 때로는 사람들을 뒤쫓으신다. 귀신들도 뒤쫓으셔서 그들이 당황하게 하신다. 마가복음 5장에서 귀신들은 **예수님이 누구신지 안다.** 초자연적 존재들 사이에서는 서로를 알아보는 모종의 특권 같은 게 있는 깃 같다. 귀신들은 아무 소개 없이도 예수님이 누구신지 알고 그분을 두려워하며 그분께 호소한다. 나는 우리가 그 이유를 안다고 생각한다. 악은 하나님을 두려워할 만한 이유가 있기 때문에 예수님도 두려워하는 것이다.

귀신 들린 사람은 예수님을 두려워하고 귀신들도 예수님을 두려워한다. 그분과 함께 하나님이 너무 가까이 다가오시기 때문이다. 마을 사람들도 예수님을 겁내는데, 겁내는 이유가 아주 뜻밖이다.

그 지역에는 묘지에 사는 딱한 사람이 있다. 귀신 들려 기어다니는 그는 끔찍하게 병들었다. 바깥 묘지에서 지내면서 소리를 지르며 무덤 사이를 다니는데, 그가 그 바깥에서 하는 일은 끔찍하다. 그러나 사람들은 그런 상황을 두려워하지 않는다. 다들 **그게 정상**이라고 생각한다. 누군가가 밤새 묘지를 혼자 돌아다니고 소리를 지르고 자해를 하는데 사람들은 어깨를 으쓱하고 만다. 뭐, 어쩌겠어? 이렇게 말한다. 이봐, 귀신 들린 사람은 원래 저런 거야.

사람들이 기겁하는 이유는 예수님이 그를 고치신다는 것이었다. 예수님 때문에 그가 옷을 갖춰 입고 제정신이 돌아왔다는 것이다. 생명의 주님이 죽은 자들과 함께 사는 사람을 일으키실 때 사람들은 기겁한다. 그들에게 부활은 무시무시한 사건이다.

"[그들이] 예수께 이르러 그 귀신 들렸던 자 곧 군대 귀신 지폈던 자가 옷을 입고 정신이 온전하여 앉은 것을 보고 두려워하더라"(5:15).

그들은 두려워했다.

정신이 말짱한 남자의 모습에 겁에 질렸다. 하나님의 능력에 겁에 질렸다. 부활이 두려워서 기절초풍할 지경이 되었다. 그래서 그들은 예수님께 떠나 달라고 말한다. 그 지방에서 나가 달라고 간 청한다. 그들은 하나님과 아무 상관 없이 살고 싶어 한다. 하나님 이 활보하실 때는 더더욱 그렇다.

왜 그럴까? 그들에게 익숙한 것은 귀신 들린 사람의 미친 모습이기 때문이다. 귀신 들렸던 사람이 깨끗해진 모습은 그들에게 정상으로 보이지 않는다.

그런데 도널드 주엘이 말한 대로, 이 이야기를 읽을 때 우리 모두가 떠올리는 한 가지 질문이 있다. 그곳 사람들도 그 질문에서 헤어나지 못한다. 사람들은 이 대목에서 늘 한 가지 질문을 한다. 그 돼지들은 어떻게 되나? 예수님은 왜 돼지 떼가 우르르 몰려가 게 하셨나? 왜 그런 반(反)생태적인 귀신 축출법을 선택하셨는가?

그런데 많은 설교자들이 마가복음의 이 이야기를 멀리한다. 그 이유는 이 질문에 대해 뭐라 대답해야 할지 모르기 때문이다. 나도 모르기는 마찬가지다.

그러나 조금만 말해 볼까 한다.

한 가지 이해해야 하는 것은 마가복음의 세계에서 돼지는 부정하다는 것이다. 사실 이 이야기에 등장하는 모든 것이 부정하다.

거라사 지방은 이방인들로 가득하기 때문에 부정하다. 묘지는 시체로 가득하기 때문에 부정하다. 귀신 들린 사람은 귀신으로 가득하기 때문에 부정하다. 예수님은 묘지에서 뒹구는 절망적인 사람을 구원하고자 **기꺼이 부정해지신다**. 예수님은 일하실 때 손을 더럽히시는 황야의 구주시다.

그렇다. 2,000마리의 돼지가 치유 과정에서 희생물이 된다. 내가 볼 때 여기서 요점은 귀신들이 **어딘가로** 가야 한다는 것이다. 결국 귀신은 기생충이다. 혼자서는 자유롭게 돌아다닐 수가 없다. 어딘가에 붙어야 한다. 그래서 예수님은 귀신들과 협상을 하시고, 그 결과로 돼지들의 죽음의 행진이 따라왔다.

어쩌면 더러운 영들을 더러운 숙주들과 함께 그대로 익사시킨다는 계획이 여기에 담겨 있는지도 모른다. 만약 그렇다면 돼지들의 행진은 바로와 그의 군대가 홍해로 행진해 들어간 것과 같다. 그것은 슬퍼할 일이지만 축하할 일이기도 하다.

그러나 물론 거라사 사람들은 축하할 기분이 아니다. 그들은 왜 한 명의 미친 사람을 구원하기 위해 2,000마리의 동물이 죽어야 하는지 알고 싶어 한다. 자신들의 가축 떼가 모조리 물에 빠져 죽은 지금, 어떻게 생계를 꾸려야 하는지 알고 싶어 한다. 이것은 이 이야기가 결코 다루지 않는 질문이다.

그런데 귀신 들린 사람이 구원받았다는 사실에 흥분하는 사람이 없다는 점이 흥미롭지 않은가? 이것은 지금도 마찬가지다. 아무도 그의 구원 때문에 흥분하지 않는다. 사람들은 돼지들에 대해서만 흥분한다. 예수님은 한 사람이 군대 귀신한테서 놓여나게 하신다. 그런데 모두가 이렇게 말한다. "하지만 돼지들은 어떻게 됩니까?" 예수님은 고통받는 사람에게 멋진 해방의 복을 주신다. 멋진 대청소라고 말할 수도 있겠다. 그런데 사람들은 말한다. "하지만 돼지들은 어떻게 되나요?" 하나님의 은혜는 인간의 영혼을 해방시키는데, 모두가 재산 손실과 생태에 대해서 말하고 싶어 한다.

한 가지는 분명하다. 이 이상한 이야기는 하나님의 관심사가 때로는 우리의 관심사와 다르며, 하나님은 구원을 위해 비상한 방법을 쓰신다는 사실을 말해 준다. 솔직히 우리에게는 그 방법 중 일부가 그리 편안하지 않다. 이 이야기의 중심에는 기적적인 치유가 놓여 있고, 그것이 우리를 불편하게 만든다. 축귀는 우리를 불안하게 한다. 우리는 그것이 영화에나 나올 일이라고 생각한다.

그럴 법도 한 것이, 하나님 능력의 극적인 표지들은 오용될 여지가 많기 때문이다. 신앙요법과 축귀는 다른 사람들의 삶에 간섭하고 싶어 하는 영적 제국주의자들의 도구가 되기 십상이라서 우리는 그것들을 꺼리게 된다. 또 다른 이유는 이 초자연적 사역들이 으스스한 느낌을 주기 때문이다. 나만 해도 이런 사역을 대할 때 기분이 썩 좋지는 않다. 나를 헤집고 돌아다니지 않는 무난하고 든

든한 기독교 사역이 좋다. 원래대로 현실의 경계가 유지되어 자연적인 것과 초자연적인 것이 잘 구분되는 게 좋고, 세상이 자연적인 쪽에 머물러 있는 것이 좋다. 많은 그리스도인들이 그럴 거라고 생각한다.

한번 생각해 보라. 당신이 누군가에게 손을 얹었는데 그 사람의 병이 낫는다면, 당신은 어떤 기분이 될까? 겁이 나서 죽을 지경이 될 것이다. 주엘 교수가 말한 것처럼, 당신은 아무 의사나 붙잡고 이렇게 말할 것이다. "세균, 항생제, 뇌의 화학적 불균형에 대해 말해 주십시오."

신앙요법 치유자가 사기꾼이라는 게 드러나면 우리는 실망할까? 그러지 않는 것 같다. 오히려 안도한다. 우리는 현실의 경계가 그대로 있는 것을 좋아한다. 하나님이 그분의 처소인 하늘에 그냥 계시기를 바란다. 내가 말하려는 바는, 우리가 활보하시는 하나님을 어느 거라사인 못지않게 불편하게 여긴다는 것이다.

주엘이 가르치던 한 신학생이 병세가 심각한 여성을 심방했다. 그 여성은 통증이 심하고 나이도 많은 데다 그 상태에 지친 나머지 죽고 싶어 했다. 주님이 자신을 본향으로 데려가시기를 원했다. 그래서 신학생이 그에게 몇 가지 질문을 했다. "구원자이신 하나님을 믿으십니까?" 여성이 "그래요"라고 대답했다. "하나님이 당신을 그분에게 데려가실 수 있고, 손 내밀어 받아 주실 수 있다는 것을 믿으시나요?" 그가 대답했다. "오, 그래요. 그것도 믿어요."

신학생이 말했다. "그러면 사람들과 이 문제로 함께 기도하고 더 나아가, 당신을 데려가 달라고 하나님께 실제로 요청한 적이 있나요?" 그가 말했다. "아뇨. 그런 적 없어요." 신학생이 말했다. "좋습니다. 그러면 제가 당신을 위해 그렇게 기도할까요?" 그녀가 말했다. "그래요. 그러면 참 좋겠어요."

그래서 신학생은 이런 취지의 기도를 했다. "오 하나님, 티퍼니 부인이 오랫동안 고생했습니다. 그녀는 하나님의 딸이고 하나님을 믿습니다. 부디 그녀를 데려가셔서 그리스도와 함께 평화를 누리게 해주세요."

그러자 그 여성은 그 자리에서 숨을 거두었다. 신학생은 너무 겁을 먹은 나머지 3년 동안 그 일을 누구에게도 말하지 않았다. 그는 그런 결과를 예상하고 기도한 게 아니었다! 하나님이 실제로 행하시기를 기대하지 않았다. 그것은 그저 기도일 뿐이었다!

"[거라사인들이] 예수께 이르러 그 귀신 들렸던 자 곧 군대 귀신 지폈던 자가 옷을 입고 정신이 온전하여 앉은 것을 보고 두려워하더라." 그들이 두려웠던 것은 축귀가 일어날 수 있다면 기적도 일어날 수 있기 때문이었다. 기적이 일어날 수 있다면 부활도 일어날 수 있다. 그리고 부활이 일어날 수 있다면 무슨 일이든 일어날 수 있다.

우리는 예수님과 합하여 세례를 받고 일어나 예수님을 구주로 고백한다. 이 예수님은 활보하시는 하나님이다. 이분은 아름다운 구주이시지만 큰 문젯거리이시기도 하다. 모든 창조 세계의 중보자이시면서, 묘지에서 귀신들과 싸우시는 구주이시기도 하다.

예수 그리스도는 활보하시는 하나님이다. 우리는 그분이 접근할 수 없는 안전한 곳에 있지 않다. 하나님의 사랑은 강하고 참되지만, 그 사랑은 또한 우리의 옛 자아를 죽이고 우리의 새 자아를 소생시키러 나선다. 거기에는 고통이 따른다. 죽기 전에는 부활할 수 없다. 그래서 하나님은 구원하시기 위해 죽이신다. 가끔 사람들은 하나님과의 만남을 친구와 커피를 마시는 일, 또는 유쾌하고 다정해 보이는 누군가와 정원을 거니는 일처럼 이야기한다. 사람들은 하나님을 만나는 것이 로저스 씨(Mr. Rogers. 미취학 아동 대상의 어린이 TV 프로그램 「로저스 씨의 동네」의 진행자. 친절한 이웃 아저씨의 이미지로 많은 인기를 끌었다—옮긴이)를 만나는 것과 비슷할 거라고 생각한다.

그러나 사실을 말하자면 하나님을 만나는 것은 감전사하는 것에 더 가까울 것이다. 하나님은 구원하기 위해 먼저 죽이신다. 그러므로 하나님을 만나고 싶은 욕망은 곧 죽음을 향한 동경이다. 우리의 중독은 죽어야 한다. 우리의 교만과 시기는 죽어야 한다. 우리의 끔찍한 절망이 죽어야 한다. 우리를 아래로 끌어내리는 것은 모두 죽어야 한다. 그래야 우리는 비로소 일어나 그리스도의 미덕으로 옷 입고 무덤에서 걸어 나오시는 예수님처럼 햇살 속으로 나아갈 수 있다.

오 주 예수 그리스도, 활보하시는 하나님,

오늘 우리를, 당신을 따르는 모든 사람을 당신의 뜻에 맡깁니다.

네 지성을
다하여[1]

신 6:4-9, 마 22:34-40

예수께서 이르시되 네……뜻(mind, 지성을 의미—옮긴이)을 다하여
주 너의 하나님을 사랑하라(마 22:37).

하워드 라우리(Howard Lowry)는 프린스턴에서 바흐의 「마태
수난곡」 리허설에 참여했던 일을 들려준 적이 있다.[2] 지휘자는 합
창단이 「마태수난곡」의 주제 합창곡을 특정한 방식으로 부르게
하려고 노력하고 있었다. (찬송가 「그 거룩하신 주님 그 상하신 머리」
의 선율이 바로 그 곡이다.) 지휘자는 계속 연습을 진행했고 단원들도
계속 시도했지만 지휘자가 원하는 소리가 나오지 않았다.

지휘자는 연습을 중단하고 이렇게 말했다. "보세요, 여러분의
노래는 숙련되고 재능으로 빛나지만 이 곡에 맞지 않아요. 이런 곡

을 정말 잘 부르는 방식은 회중 찬양처럼 하는 겁니다. 더 단순하고 깊이 있게 불러야 합니다." 그 다음에 지휘자는 어릴 때 독일에서 살면서 교회에 다니던 기억과 그곳의 교인들이 노래하던 방식에 관한 기억을 몇 가지 들려주었다. 그리고 합창단에게 이렇게 말했다. "이제 여러분이 내 어린 시절의 교회에 있다고 생각하고 이 곡을 불러 보세요."

그들은 다시 불렀다. 단순한 깊이를 담아, 깊이 있는 단순함으로 노래했다. 물론 그들의 노래가 회중의 찬양처럼 들리지는 않았다. 그렇게 하려고 했어도 회중의 소리가 나지는 않았을 것이다. 그 이유는 당연히 그들이 나름의 음악적 이해를 반영하여 그 곡을 불렀기 때문이다. 그들은 교육으로 습득한 단순함, 제2의 단순함, 복잡함 **너머에** 있는 단순함으로 노래했다.

우리는 제2의 단순함이 무엇인지 안다. 한 유명한 이야기에서 위대한 스위스 신학자 칼 바르트(Karl Barth)는 수천 쪽에 이르는 그의 난해한 신학을 한 문장으로 요약해 달라는 부탁을 받았다. 그는 잠시 생각한 후 이렇게 말했다. "예수님은 나를 사랑하시고, 나는 그것을 성경에서 배웠습니다."

그런데 아이가 이 말을 하는 것과 칼 바르트가 이 말을 하는 것은 전혀 다르다. 우리가 피아노 앞에서 「반짝 반짝 작은 별」의 선율을 검지로 뚱땅거리는 것과 뛰어난 피아노 연주자가 모차르트의 변주곡을 연주한 직후에 그 선율이 변주곡의 주제 선율로 들리는 경험은 전혀 다르다. 반복 연주로 그 선율은 입체적으로 느껴진다.

제2의 단순함은 복잡함 너머에 있고 복잡함을 아우른다.

하나님을 사랑하는 것이 그와 같다. 아이는 하나님을 사랑할 수 있다. 이 부분에서 아이는 우리의 스승이 될 수 있다. 그러나 하나님을 사랑하는 일에는 어른다운 방식도 있고, 이런 사랑법을 배우는 데는 시간이 걸린다. 어른들은 생각하면서 하나님 사랑하는 법을 배운다. 성숙한 지성의 능력을 발휘하면서 하나님을 사랑하는 법을 배운다. 어른들은 율법서와 선지서의 모든 가르침이 압축된 사랑을 하나님께 바친다.

우리 주님은 "네 마음을 다하고 목숨을 다하고 뜻(지성―옮긴이)을 다하여 하나님을 사랑하라"(마 22:37)고 말씀하셨다. 다시 말해 자신이 가진 모든 것, 자기의 전부를 가지고 하나님을 사랑하라는 뜻이다. 예수님은 모든 것, 곧 모든 갈망, 모든 재능, 모든 지적 능력, 신체 능력이나 컴퓨터 실력이나 음악적 재능, 온갖 기쁨을 누릴 수 있는 능력, 자신이 이용할 수 있는 모든 좋은 것을 가져다 하나님께 바치라고 말씀하시는 것이다. 네 갈망을 가지고 하나님을 갈망하라. 피조물인 네가 가진 귀한 것들을 하나님께 드리라. 너의 심미안을 가지고 하나님을 묵상하라. 너의 마음과 목숨과 지성, 모든 필요와 영광을 사용하여 하나님 쪽으로 온전히 돌아서라.

이것은 가장 큰 계명이고, 신명기와 마태복음은 두 가지 형태로 우리에게 이 계명을 제시한다. 둘의 차이를 눈여겨 본 적이 있는가? 마태복음에서 한 율법사는 뭔가 다른 속셈이 있는 것으로 보이는 질문을 예수님께 던진다. "율법 가운데 어느 것이 가장 큰 계명입니까?" 예수님은 신명기 6:5의 유명한 말씀을 인용하여 이 질문에 대답하시는데, 이 말씀은 경건한 유대인들이 아침저녁으로 낭송하는 구절이자, "이제 누워 잠들려 하오니"(Now I lay me down to sleep, 영어권에서 널리 쓰이는 취침 기도문의 첫 구절─옮긴이)만큼이나 친숙한 기도문이다.

"율법 가운데 어느 것이 가장 큰 계명입니까?"라는 질문에 마태복음의 예수님은 "네 마음을 다하고 목숨을 다하고 **지성**을 다하여 하나님을 사랑하라"고 대답하신다. **힘**을 다하여(신명기의 경우)가 아니라 **지성**을 다하여.

짧은 탄성이 나올 만한 변화다. 네 살배기가 어느 날 밤에 "이제 누워 잠들려 하오니, 주님 제 두뇌('영혼'이 아니라!)를 지켜 주소서"라고 기도한다면 어떨까? 아마 듣는 사람이 귀를 쫑긋 세우게 될 것이다.

"네 지성을 다하여 하나님을 사랑하라"고 우리 주님이 말씀하신다. 이 말씀을 생각하는 그리스도인의 삶의 선언문으로 삼자. 교육받는 그리스도인의 선언문으로 받아들이자. 생각하고 배우는 그리스도인들에게는 어떤 목표가 있을까? 어쩌려고 그러는 것일까? 답변은 단순하다. 더 나은 연인이 되려고 노력하고 있는 것이다. 지성을 다하여 하나님을 사랑하고 싶은 것이다. 물론, 우리는 마음과 뜻도 하나님께 드리고 싶다. 그러나 인간은 지적인 존재이기도 하기에, 예수 그리스도는 우리에게 지성적 사랑을 요구하신다.

"네 지성을 다하여 사랑하라." 이 명령은 단순하게 들리지만, 이것을 지키려면 제2의 단순함, 많은 복잡함을 통합하는 단순함이 필요하다.

그러면 이 명령은 무엇을 의미할까?

하나님을 지성적으로 사랑한다는 것은 그분의 학생이 된다는 의미다. 하나님께 정말 관심을 갖는 학생 말이다. 상당수의 그리스도인들이 하나님께 딱히 관심이 없다는 것을 눈치 챘는가? 그들 중 일부는 목사다. 그들은 하나님에 관해 묻지 않고, 하나님에 관해 말하지 않고, 정말 부득이한 경우가 아니면 하나님에 관해 생각도 하지 않는다. 하나님에 대한 그들의 관심은 직업적인 수준에 머문다.

이상하지 않은가? 우리는 하나님께 어느 정도는 **몰두**해야 마땅하지 않을까? 그래야 사랑하는 관계라고 할 수 있지 않을까? 연인들은 사랑하는 사람에게 몰두한다. 사랑하는 사람에 관한 일들에 관심을 보인다.

그리고 하나님께는 우리의 관심을 끌 만한 것들이 아주 많다. 하나님은 우리가 주목할 만한 분이다. 놀라울 만큼 거칠면서도 놀라울 만큼 부드러운 분이다. 성경이 알려 주는 하나님의 모습은 우리가 상상도 못했던 뜻밖의 모습이다. 때로는 그 모습에 우리는 당혹한다. 성경에 나오는 하나님의 이미지 몇 가지를 생각해 보라. 하나님은 사자이자 어린양, 교회이자 집, 불이자 물이시다. 하나님은 표범, 독수리, 곰이시지만 좀(호 5:12―옮긴이)이시기도 하다. 부모이실 뿐 아니라 아이시기도 하다. 왕이고 용사이실 뿐 아니라 이발사(사 7:20―옮긴이)와 휘파람 부는 사람(사 7:18, 새번역―옮긴이)도 되신다.

삼위일체 교리를 생각해 보라. 여러 신경(creeds)에서는 우리에게 균형 잡힌 삼위일체 교리를 제시한다. 동등한 세 위격으로 계시는 한 분 하나님. 그러나 이런 절묘한 묘사를 보고 성경에 나오는 삼위일체 하나님이 말하자면 미혼부와 그의 외아들과 이 둘의 대리자라는 것을 추측할 수는 없을 것이다. 하나님은 이런 분이다.

지성을 다하여 하나님을 사랑한다는 것은 하나님과 그분의 특성에 관심을 갖는다는 뜻이다. 하나님을 **하나님으로** 인정한다는 뜻이다. 그분을 향한 최소한의 예의라고 할 만한 이런 태도 없이는 사랑이 있을 수 없다. 하나님이 친히 그분의 자서전을 쓰신다. 우리와 함께하는 삶의 드라마를 쓰신다. 그 안에는 하나님 자신의 인물 묘사도 들어 있다. 우리의 소명은 대본을 고쳐 쓰는 것이 아니라 대본 안에서 우리 역할을 발견하고 그것을 감당하는 것이다.

지성을 다하여 하나님을 사랑한다는 것에는 이 외의 다른 의미도 있다. 가톨릭 철학자 디트리히 폰 힐데브란트(Dietrich von Hilderbrand)와 앨리스 폰 힐데브란트(Alice von Hilderbrand)는 연인들이 상대방에 대해 상당한 정도로 일단 좋게 해석한다는 사실에 주목했다.[3] 연인이 좋은 행동을 하면 그 행동을 그 사람다운 것으로 이해한다. 연인이 나쁜 행동을 하면 그 행동이 그 사람답지 않다고 여긴다. 누군가를 사랑한다는 것은 그 사람을 도덕적 영적으로 일단 통 크게 믿어 주는 것이다.

하나님에 대한 우리의 사랑도 이와 마찬가지다. 하나님은 나쁜 행동을 하시지 않는다. 하나님이 나쁜 행동을 하신다는 생각이 정말로 든다면, 우리는 기독교를 버려야 할 것이다. 그런데 하나님이 나쁘게 행동하시는 것처럼 **보일** 때가 가끔 있다. 인신매매범들이 여자와 아이들을 노예로 삼는 동안 하나님이 일을 쉬시는 것처럼 보인다. 하나님이 엉뚱한 사람들에게 복을 주시고 올바른 사람들은 무시하는 것처럼 보인다. 온 세상에는 하나님의 설명이 필요한 일들이 많아 보인다. 욥이 바로 이렇게 생각했다. 그런데 욥은 성경에 나오는 인물이다.

하나님을 도무지 이해할 수 없을 때 우리는 그분을 어떻게 사랑해야 하나? 이것은 내가 다 감당할 수 없는 질문이지만, 나는 우리가 예수 그리스도를 신뢰해야 한다고 생각한다. 예수님은 십자가에 못 박혀 죽으시기 전부터 우리 대다수보다 훨씬 많은 고난을 당하셨다. 그리고 예수님은 우리가 가진 모든 것으로 하나님을 사랑해야 한다고 말씀하신다. 그분은 제2의 단순함으로 하나님을 사랑하는 길을 여신다. 하나님은 적어도 우리가 사랑하는 사람에게 보내는 정도의 신뢰만큼은 받을 자격이 있지 않으신가? 이것은 충실함의 문제이자 지적 겸손의 문제이며 의리의 문제다.

"네 지성을 다하여 주 너의 하나님을 사랑하라." 이 말씀은 우리의 이해력에는 한계가 있으니 불분명한 상황에서는 일단 하나님을 믿으라는 의미다.

우리의 지성을 다하여 하나님을 사랑한다는 것은 더 나아가 하나님과 그분의 특성뿐 아니라 그분이 하신 일에도 관심을 갖는다는 뜻이다. 나는 지금 창조 세계의 모든 힘과 위엄을 말하는 것이다. 더없이 다양한 창조 세계, 감히 추측하기 어려울 만큼 독특함으로 가득한 창조 세계 말이다. 그리고 나는 온갖 다문화적 풍요로움을 갖춘 인류 자체를 말하는 것이다. 하나님은 인류를 사랑하실 뿐 아니라 여러 모습의 사람들을 사랑하신다. 그리고 하나님이 사랑하시는 대상을 사랑하는 것이 우리의 기쁨이다.

창조 세계를 존중하는 것이 바로 창조주를 향한 사랑을 드러내는 일이다. 그럼 창조 세계를 어떻게 존중할까? 창조 세계가 자기 모습을 드러내도록 여유를 주는 것이다. 눈앞에서 그 세계가 펼쳐지는 광경을 지켜보는 것이다. 연인이 사랑하는 사람에게 몰두하듯 창조 세계를 살피고 아는 것이다. 그러면 창조 세계의 실제 상태에 대한 진실을 알게 된다. 새의 노랫소리뿐 아니라 먹고 먹히는 끔찍한 상태까지, 북부의 차가운 9월에 자주색과 적황색 봉선화가 점점 진해지면서 거대한 색상의 무더기를 이루는 모습뿐 아니라 케냐의 사자들이 새끼 사슴의 피로 턱수염을 물들이는 모습까지 알게 되는 것이다. 우리 자신에 대해서도 이런 이중성을 알아볼 수 있어야 진실을 안다고 할 수 있다. 모습은 하나님을 너무나 닮았지만 행동은 전혀 다른 우리, 하나님과 너무나 멀리 떨어져 있는 우리의 현실을 말이다.

세상에서 하나님의 노래와 모든 피조물의 신음소리를 다 듣는 것, 사랑스러운 것을 귀하게 여기고 부패한 것에 괴로워하는 것, 이런 상황을 숙고하고 이런 세상의 모습과 세상을 구원하시는 하나님의 방법들을 이해하려 힘쓰는 것, 이와 같은 것들이 지성을 다하여 하나님을 사랑하는 방법이다. 하나님 및 그분이 하신 일을 제대로 배우는 것은 지성적 순종의 행위가 분명하다. 그것은 지성적 사랑에서 나온 행위가 틀림없기 때문이다.

이 모든 사랑이 어디로 이어져야 하는지에 한 마디만 보태고 싶다. 우리는 지성적 사랑에 이끌려 다른 사람들의 삶과 거처 안으로 들어갈 수 있어야만 그들에게 선을 행할 수 있다. 물론 사람들에게 모종의 선을 행한다는 것은 단순하게 들려도 실제로는 그렇지 않다. 그것은 제2의 단순함의 또 다른 사례다. 이사야 선지자는 이사야서 1장에서부터 곧바로 우리에게 선행을 **배워야** 한다고 말한다(1:17). 이사야는 혼란한 세상에서 선행을 실천하는 것은 종종 이루기 힘들고 모호한 일이라고 밝힌다. 핵심은 우리가 공부를 해야 한다는 것이다. 그렇지 않으면 자기도 모르게 어설픈 선, 위험한 선, 무자비한 선을 행하게 될 것이다. 우리는 먼저 공부하고 그 다음에 선을 행해야 한다.

그러나 우리가 실제로 선을 행할 때는 다시 한번 하나님 나라가 임하고 하나님의 뜻이 이루어진다. 우리는 다시 한번 하나님을 제대로 사랑하는 사람들이 된다. 하나님의 샬롬을 건축하는 거대한 사업에서 다시 한번 피조물로서 역할을 감당한다.

예수님이 말씀하셨다. "지성을 다하여 주 너의 하나님을 사랑하라." 이 계명으로 모든 반지성주의를 물리치라. 반지성주의는 참으로 큰 죄인데도 너무나 많은 기독교회가 거리낌 없이 이 죄를 저지른다. 반지성주의는 반기독교적이다. 거기에 결코 굴복하지 말라. 반지성주의에 아무것도 내어주지 말라. 그에 맞서 싸우기를 절대 멈추지 말라. 반지성주의는 게으른 사람들이나 겁에 질린 사람들의 죄이다. 그들은 일차적 단순함에 만족하고 그것을 넘어 성장하는 데 따르는 고통에 저항한다.

"네 지성을 다하여 주 너의 하나님을 사랑하라." 이 명령으로 모든 이기적 지성주의, 모든 세속적 지성주의, 모든 우상숭배적 지성주의를 물리치라. 이 계명을 잘 새겨서, 지성의 삶이 우리만의 분야를 개척하거나 우리의 이름을 떨치거나 특정한 학문 영역을 적대시하여 꺾는 것과 아무 관련이 없음을 기억하자. 지성의 삶은 사랑의 행위, 공경의 행위다. 이 사랑의 행위를 통해 우리는 자신의 신경질적인 작은 자기중심주의에서 끌려 나와 우리 중 누구보다도 훨씬 크고 우리 모두보다도 훨씬 거대한 하나님 나라의 사업에 합류하게 된다. 그리고 우리는 이 움직임에 의해 필연적으로 확장된다.

하나님을 향한 지성적 사랑이 있을 때, 우리 대부분은 하나님의 세상을 숙고하게 만드는 글들을 찾아 읽게 될 것이다. 우리를 좀 더 확장시켜 주는 행사들에 일부러 참석할 것이다. 친구들과 함께 있을 때, 대화에 너무 쉽게 스며드는 잡담과 뒷담화를 내려놓고 보다 진지한 것들에 관해 이야기할 것이다. 하나님이 누구신지, 정의는 무엇을 요구하는지, 단 하루만 사람들이 십계명을 지킨다면 세상이 어떤 곳이 될지 등에 대해서 말이다.

"네 지성을 다하여 주 너의 하나님을 사랑하라." 아홉 살이든 아흔 살이든, 학교에 다니는 학생이든 평생 배우는 사람이든, 우리가 할 일은 1조 개의 세포로 이루어진 경이로운 두뇌를 포함하여 우리가 가진 모든 것으로 하나님을 사랑하는 것이다.

결국 지성을 다하여 하나님을 사랑하는 것은 그것을 명령하신 예수님께 순종하는 일이다.

위대하고 사랑이 많으신 하나님,

주님께는 인간의 이해를 뛰어넘는 가능성과 업적이 풍성합니다.

내가 지성을 다하여 주님을 사랑하면

주님은 그 가능성과 업적을 일부나마 드러내실 것이고,

원컨대 그로 인해 나는 풍요로워질 것입니다. 아멘.

그분이
당신이십니까?

4

마 11:1-6

그런데 요한은, 그리스도께서 하신 일들을 감옥에서 전해 듣고, 자기의 제자들을 예수께 보내어 물어보게 하였다. "오실 그분이 당신이십니까? 그렇지 않으면, 우리가 다른 분을 기다려야 합니까?"(마 11:2-3, 새번역)

이 질문은 의심으로 온통 얼룩져 있지만, 이렇게 물은 이는 믿음의 사람이다. 세례 요한은 신자이고, 자신이 신자라고 아주 크고 선명하게 말하고 있다. 앞서 마태복음 3장에서 그는 광야에서 외치는 자의 소리, 회개를 촉구하는 소리로 등장한다. 그는 "회개하라"고 말하고, 그 말을 노골적으로 외친다(마 3:2). 성경의 단어를 사용하여 "회개하라"고 말할 용기가 없는 요즘 설교자들은 세례 요한처럼 말하지 않고 경건한 장소에서 빙빙 돌려 말한다. "거룩함이 확장 일로에 있는 영역이라는 말씀을 드리고 싶습니다. 여러분도 여기에 참여하시면 어떨까 합니다."

세례 요한은 분명하게 말한다. "회개하라. 천국이 가까이 왔느니라"(마 3:2). 대단히 절박하고 종말론적인 말이지만, 한 사람의 마음에서 우러난 외침인 것은 의심의 여지가 없다. 요한은 예수님을 믿는다. 요한은 예수님이 능력으로 오실 그분이라고 믿는다. 예수님은 사람들에게 불로 세례를 주실 것이고, 요한은 그들을 준비시켜야 한다. 요한의 임무는 사람들을 깨우고 흔들어 일으키고 정신이 번쩍 들게 만들어 예수님을 맞이하도록 준비시키는 것이다.

바바라 브라운 테일러(Barbara Brown Taylor)는 말한다. "나는 세례 요한을 볼 때마다 그가 복음의 도베르만 핀셔 같은 느낌이 들었다." 우리는 예수님께 가고 싶지만 그러려면 세례 요한을 통과해야 한다. 세례 요한은 언제나 목줄이 허용하는 데까지 나와서 으르렁거리고 물려고 한다. 우리는 예수님께 가고 싶지만, 그 길에 그분의 경비견이 버티고 있다. 크고 오래되고 뾰족뾰족한 목걸이를 하고 있고 앞니가 5센티미터나 된다. 그가 우리 발목을 노린다. 테일러 목사는 이렇게 말한다. "요한의 말이 다 끝나기도 전에, 그가 언급한 독사와 분노와 도끼와 꺼지지 않는 불 때문에 머리가 지끈거린다."[1] 우리는 예수님께 가는 일이 꼭 이렇게 힘들어야만 하는지 궁금해진다.

요한은 "회개하라"고 말한다. 그가 천국이 온다고 말하는 이유는 예수님이 오시기 때문이다. 예수님은 한손에는 도끼를, 다른 손에는 키질하는 갈퀴(우리는 부채처럼 넓은 키를 쓰는 반면, 이스라엘에서 쓰는 키는 갈퀴 모양이다—옮긴이)를 갖고 오신다. 어떤 나무는 찍어 버리실 것이고, 쭉정이는 불에 태우실 것이다.

그런데 이것은 왕년의 요한의 모습이다. 마태복음 3장에 나오는 요한 말이다. 지금 우리는 11장에 와 있고, 세례 요한은 감옥에 갇혀 있다. 그는 헤롯 왕을 비판했다가 그 대가로 자유를 잃었다.

그는 비좁은 감방에 갇혀 예수님이 특별한 작전을 시작하시기를 기다린다. 감방에 있으면 사람은 뭐가 뭔지 생각하는 데 많은 시간을 보내게 된다. 요한은 거기 앉아서 마음을 편히 가지려고 노력하지만 궁금해진다. 이 징역형이 하나님 계획의 일부일까? 이것이 메시아를 준비하는 작업의 일부일까? 감방, 거친 간수들, 밤에 들려오는 죄수들의 온갖 비명소리. 이것이 예수님의 길을 예비할 때 얻는 것들인가?

요한은 무릎을 당겨 앉고 그 위에 턱을 얹고 생각에 잠긴다. 자신이 옳다고 믿는 바를 위해 분명한 입장을 취했는데, 그로 인해 얻은 특권이 감옥에 들어앉아 자기를 죽이러 올 헤롯의 부하들을 기다리는 일이라니.

알다시피 요한은 감기에 걸릴 때마다 믿음이 흔들리는 사람이 아니다. 그는 신자다. 정말로 믿는 사람이다. 어떤 개인적 고통에도 하나님이 이스라엘을 향한 계획, 메시아를 주실 계획을 갖고 계시다는 믿음을 잃지 않을 사람이다. 그런데 문제가 있었다. 요한은 **예수님**이 하나님의 계획의 중심에서 움직이실 분이라고 생각했다는 것이다. 요한은 **예수님**이 오실 그분이라고 생각했다. 하지만 한 가지가 머리통을 가격하는 벽돌처럼 그의 머릿속에 자꾸만 떠올랐다. 예수님이 **너무 느리다**는 생각이었다. 그분은 아무 일도 **하지** 않는다! 어떤 불도 붙이지 않는다. 세상에, 그가 하는 일은 설교와 목회적 돌봄이 전부다.

그것은 요한에게 큰 충격을 주었다. 누군가를 위해 길을 준비했는데 그 사람의 흐지부지한 모습을 보는 것은 끔찍한 일이다. 요한은 믿어 의심치 않았다. 능하신 분의 오심을 확신했고, 그야말로 목숨을 걸고 외쳤다. 예수님은 이스라엘 땅에서 로마의 잔해를 치워 버리실 터였다. 이스라엘의 말라 죽은 가지를 모두 잘라 내시고 주님의 날을 불러오실 터였다. 요한은 확신에 차 있었다. 그 확신에 힘입어 계속 나아갈 수 있었다. 그 확신에 용기를 얻어 헤롯을 정면으로 비판할 수 있었다. 그 확신이 요한을 계속 살아 있게 해 주었다.

그런데 최전선에서 혼란스러운 소식이 들려오고 있다. 그 소식에 요한의 마음은 무너졌다. 그가 들은 내용은 **전투가 없다**는 것이었다! 오실 그분이 아무 일도 **하지** 않는다! 무슨 이유에선지, 예수님이 머뭇거리고 있다! 나팔 소리가 들리지 않고 소집 명령도 없다. 그는 메시아라면 마땅히 해야 할 일을 하지 않고 있고, 요한은 그 이유를 알 수가 없다. 예수님은 왜 시간을 낭비하고 있는가? 대격변은 어디 있는가? 종말은 어디 있는가?

요한은 예수님의 소식을 듣는다. 그리고 여러 질문이 두통처럼 그를 괴롭히기 시작한다. 예수님의 게릴라 부대는 어디 있지? 그분은 왜 늘 어부 패거리와 함께 계시지? 그리고 왜 예루살렘에 계시지 않지? 갈릴리 촌구석에서 무엇을 하시는 거야? 예수님은 왜 목회 사역에 시간을 허비하실까? 그런 것이 무슨 도움이 된단 말인가? 병든 종 한둘 고쳐 봤자 로마제국은 꿈쩍도 하지 않을 텐데. 베드로 장모의 인생을 바로잡아 준다 해도 헤롯 같은 사람에겐 아무런 영향을 미치지 못할 텐데.

그래서 마침내 요한은 자신의 두 친구를 보내어 예수님에게 끔찍한 질문을 던진다. 심장이 철렁 내려앉는 질문이다. "오실 그분이 당신이십니까? 그렇지 않으면, 우리가 다른 분을 기다려야 합니까?"(마 11:2).

요한의 질문에 좌절감이 어려 있다는 것과 어쩌면 비난의 어조까지 섞여 있다는 것을 우리는 이해해야 한다. 그는 이렇게 말한다. 보세요! 당신이 그분입니까, **아닙니까?** 당신이 그분입니까, 아니면 일을 완성하실 다른 분을 찾아야 합니까? 요한은 사실상 이렇게 말하고 있다. "당신이 그분이라면, 해야 할 일을 하십시오! 바리새인들을 강하게 독려하십시오! 헤롯을 공격하여 쫓아내십시오. 카이사르가 더 이상 우리를 귀찮게 하지 못하게 하십시오. 그리고 이왕 일하시는 김에, 죄수들에게 석방을 선포하시고 그 계획을 제가 있는 이곳에서부터 시작하는 게 어떻습니까?

당신이 그분입니까, 아닙니까?

이 질문은 우리 안에도 여전히 남아 있다. 이 질문은 대림절의 핵심이다. 우리는 크리스마스 선물 포장과 발송, 노래와 계획 속에서, 우리의 온갖 소동 속에서, 잠시 멈추고 스스로에게 이 질문을 던져 봐야 할 것이다. 우리의 이 모든 활동 중심에 올바른 분이 계신다고 확신하는가? 그가 오실 그분인가? 우리는 정말 확신하는가?

세상의 많은 부분은 예수님이 대표하는 어떤 것에도 전혀 영향을 받지 않는 것 같다. 39개 신조의 나라 잉글랜드에서 일요일에 교회에 나가는 사람은 전체 인구의 4퍼센트 정도에 불과하다. 무슬림 세계에서는 예수님이 지하드를 일으키시지 않았다는 이유로 오실 그분이 아니라고 본다. 대단히 종교적으로 보이는 미국에서 예수 그리스도가 실제로 얼마나 중요할까? 기독교회 안에서는 예수님이 얼마나 중요할까? 가끔 기독교회는 사람들이 그리스도를 잊어버려도 한참 동안 프로그램을 계속 굴릴 수 있을 것처럼 보이지 않는가?

우리는 그분한테서 멀어지지 않았는가? 자꾸만 주의가 산만해져서 예수 그리스도께 거듭거듭 되돌아가야 하는 우리의 모습을 발견하지 않는가? 목사들도 그리 다르지 않다. 그리스도인의 삶은 회심의 연속이다. 하나님한테서 슬며시 멀어졌다가 되돌아가기, 미끄러졌다가 돌아가기를 반복하기 때문이다. 이런 일을 반복하고 있는 우리에게 마침내 어느 날 누군가 광야에서 부르짖는다. 예수 그리스도와 함께 완전히 죽고 부활해야 한다고, 그래야 천국에 들어갈 수 있다고.

"오실 그분이 당신이십니까?" 세례 요한의 이 질문은 대대로 전해지고, 예수님의 답변은 이사야가 예언한 메시아에 대한 말씀으로 돌아온다. 예수님은 "너희가 듣고 보는 것을 요한에게 가서 알리"라고 말씀하신다. 그 내용은 다음과 같다.

맹인이 보며
못 걷는 사람이 걸으며
나병환자가 깨끗함을 받으며
못 듣는 자가 들으며
죽은 자가 살아나며

가난한 자에게 복음이 전파된다(마 11:5).

예수 그리스도는 불의한 세대에겐 자신을 증명하는 표적을 주시지 않지만, 감옥에 갇힌 이 고결한 자유의 투사 세례 요한에게는 이사야서의 오래된 말씀을 인용하여 답하신다. 그리고 그 답변의 내용이 천국이 가까이 왔다는 표적이 될 거라고 말씀하신다. 눈먼 사람이 본다, 들을 수 없는 사람이 듣는다, 가난한 사람들이 복음으로 잔뜩 배불린다.

요한은 이 말씀을 외우고 있었을 것이다. 그렇기 때문에 예수님이 이사야서 말씀에서 한 부분을 빠뜨리신 것이 의미심장해진다. 내 친구 메리 헐스트(Mary Hulst)는 이 부분을 내게 지적한 적이 있다. 예수님은 이사야 61장에서 복음이 가난한 사람들에게 전파된다는 대목까지 인용하시고 거기서 멈추신다. 요한이 잔뜩 기대한 바로 그 다음 부분은 인용하지 않으신다. 포로에게 자유를, 갇힌 사람에게 석방을 선포하시는 대목 말이다. 요한은 감옥에 있는데, 예수님은 그가 간절히 듣고 싶어 한 부분을 생략하신다. 그 말씀을 들은 요한은 예수님의 메시지를 이해한다. 메시아가 정말로 오셨고, 그분의 길을 준비한 요한은 목숨으로 그 대가를 지불하게 될 거라는 메시지다.

요한은 목숨을 대가로 지불하고 예수님을 따랐던 성도들과 순교자들의 대열에 합류하도록 초대받는 영광을 입었다. 어느 날 예수님도 요한을 따라 무덤으로 가시고 그 옆에 누우시겠지만, 지금 그분은 요한이 죽은 자들에게 먼저 가서 그들 옆에 눕게 될 거라고 말씀하신다. 이 모든 일은 하나님 나라가 가까이 오게 하기 위함이다.

"나로 말미암아 실족하지 않는 사람은 복이 있다"고 예수님은 말씀하신다. 요한, 네가 나로 인해 걸려 넘어지지 않는다면 복이 있다. 너는 감옥에서 나오지 못할 것이기 때문이다. 요한, 네가 살아서 내 전령이었던 것처럼 죽을 때도 기꺼이 내 전령이 된다면 복이 있다.

하나님 나라는 예수님 안에서 가까이 왔지만, 아직 완전히 도착하지는 않았다. 복음이 걸림이 되는 것은 예수 그리스도의 초림과 재림 사이에 우리에게 주어지기 때문이다. 그러니 신자가 된다는 것은 그 사이에서 균형을 잡으며 산다는 뜻이다. 우리 믿음의 중심에는 사람들을 치유하셨고 가난한 이들에게 위로를 전하셨고 한 주의 첫째 날에 무덤에서 능력 있게 부활하신 그리스도가 계신다. 그러나 우리는 그리스도의 첫 번째 강림과 두 번째 강림 사이에서 균형을 잡으며 하나님의 최종적 샬롬을 바라보는 사람들이다. 그 샬롬 안에서 우리의 **모든** 눈물이 씻길 것이고, **모든** 나병환자가 깨끗해질 것이고 하나님의 세계가 그 주인을 알게 될 것이다.

"오실 그분이 당신이십니까?"

그렇다. 예수님이 바로 그분이다. 예수님께 온전히 돌아설 때 우리는 **하나님**을 발견한다. 우리가 파악하거나 이해할 수 있는 수준보다 더 높이 계신 하나님을 말이다. 예수 그리스도는 하나님의 아들이시고 하나님의 말씀이시고 하나님의 빛이시고 하나님의 메시아시다. 예수 그리스도는 세례 요한 곁에 죽어 누우심으로 그를 명예롭게 하실 것이다. 예수 그리스도는 세상 죄를 없애기 위해 해야 할 일을 하신다.

주 예수 그리스도시여, 당신이 바로 그분이십니다.

그 계시에 우리는 기쁨이 가득합니다. 아멘.

피할 수 없는
하나님

시 139:1-24

여호와여 주께서 나를 살펴보셨으므로

나를 아시나이다.

주께서 내가 앉고 일어섬을 아시고

멀리서도 나의 생각을 밝히 아시오며

나의 모든 길과 내가 눕는 것을 살펴보셨으므로

나의 모든 행위를 익히 아시오니

여호와여 내 혀의 말을 알지 못하시는 것이 하나도 없으시니이다.

주께서 나의 앞뒤를 둘러싸시고

내게 안수하셨나이다.

이 지식이 내게 너무 기이하니

높아서 내가 능히 미치지 못하나이다(시 139:1-6).

시편 139편을 읽으면 모든 세대의 유대인들과 그리스도인들이 이 시를 사랑한 이유를 떠올리게 된다. 이 시는 성경의 보물 중 하나다. 이는 참으로 감미롭고 친밀하며 그 모든 높이와 깊이를 품은 계시적인 기도로서, 믿음을 가지고 이 시를 들은 사람은 다시 한번 하나님께 온 마음을 바치게 될 것이다.

이 기도를 쓰게 된 상황을 알기는 어렵다. 어쩌면 시인은 누군가에게 부당하게 비난을 받고 하나님의 원수들에게 잔뜩 분노하고 있는지도 모른다. 그래서 그는 하나님이 자신을 살피시고 자기 마음을 알아주시길 원하는지도 모른다. 그러나 집필 동기가 무엇이든, 성령의 영감을 받은 이 저자는 하나님에 대해 우리가 알아야 할 내용을 말해 준다.

그는 무엇을 말하는가? 아주 섬뜩하게 들릴 수 있는 진실을 말한다. 하나님이 피할 수 없는 분이라고 말한다. 시편 기자는 우리의 생각을 서로에겐 숨길 수 있지만 하나님께는 숨길 수 없다고 말한다. 우리는 서로에게 각자의 수치를 감출 수 있지만 하나님께는 감출 수 없다. 경쟁자들보다 한 수 앞설 수 있지만, 하나님보다 한 수 앞설 수 있는 사람은 없다. 우리는 다른 지역으로 이사 갈 수 있다. 사실 서로에게서 계속 멀어질 수도 있다. C. S. 루이스가 그려 낸 지옥에서는 버려진 집들이 가득하다. 그곳 사람들은 일종의 미친 고립 상태를 추구하며 서로에게서 더욱 더 멀리 계속 이사를

가기 때문이다.[1]

요점은, 서로가 없는 곳으로 이사할 수는 있지만 하나님이 없는 곳으로 이사할 수는 없다는 것이다. 우리는 다른 사람보다 오래 살 수 있지만 하나님보다 오래 살 수는 없다. 우리는 서로를 어둠 속에 가두어 둘 수 있지만 하나님을 어둠 속에 가둘 수는 없다. 하나님은 어둠 속에서도 다 보실 수 있기 때문이다. 정신이 나가도록 술을 마셔 불안을 달래 볼 수는 있지만, 정신이 들고 나면 하나님이 여전히 거기 계실 것이다. 죽음조차 탈출구가 되지 못한다. 죽음으로 모든 것을 끝내기를 바라는 사람들은 그 끝에 하나님이 계시고 처음부터 다시 하나님을 상대해야 한다는 것을 발견한다.

사실(facts)이라는 것은 끈질기게 남는다. 그렇지 않은가? 그리고 내가 하나님한테서 도망칠 수 없다는 것은 엄연한 사실이다. 내가 어디로 가겠는가? 시편 기자가 말한 대로, 내가 높이 날아오르면 하나님도 그렇게 하신다. 내가 깊숙이 내려가면 하나님도 그렇게 하신다. 내가 아침 해와 함께 뜨고 저녁 해와 함께 진다고 해도, 하나님이 나와 함께 뜨고 지신다. 위아래, 동쪽 서쪽 할 것 없이 어디에도 출구는 없다. 지구의 자궁 속으로 파고 들어가도 다시 하나님께 이르게 된다. 나는 그분 밖으로 나갈 수 없다. 하나님의 집에는 야외가 없다.

나는 내 마음의 성역으로도 물러날 수 없다. 하나님은 내 모든 생각을 파악하시기 때문이다. 하나님은 내 마음의 모든 꾀와 욕망을 기록하신다. 하나님은 내가 하는 말뿐 아니라 내 생각도 아신다. 내가 하는 말뿐 아니라 할 뻔한 말도 아신다. 잊어버리고 하지 않은 친절한 말, 꿈에도 생각한 적 없는 친절한 말도 그분은 아신다.

이 사실은 사람을 미치게 만들 수 있다. 내 곁에 언제나 누군가가 있다. 사생활이란 없고, 어디를 가더라도 누군가가 나를 지켜보고 있다.

1998년, 영화배우 윌 스미스는 영화「에너미 오브 스테이트」에서 노동변호사 로버트 딘을 연기했다. 딘에게는 좋은 직장, 조지타운의 집, 사랑스러운 가족이 있다. 모든 것이 좋기만 하던 어느 날, 대학 동창이 딘의 쇼핑백에 비디오 하나를 슬쩍 집어넣는다. 그 비디오에는 살해 장면이 찍혀 있다. 정부 고위 관리를 감옥에 보낼 수 있는 증거다. 그 고위 관리는 딘을 추적한다. 연방 정부의 방대한 능력을 발휘하여 살인자는 딘의 전화와 집을 도청한다. 딘의 컴퓨터를 해킹하고 모든 키 입력 내용을 추적한다. 딘의 모든 움직임을 촬영한다. 심지어 딘의 옷에도 도청 장치를 붙인다.

영화가 진행됨에 따라, 관객은 끊임없는 관찰의 대상이 되는 끔찍하고 오싹한 기분을 알게 된다. 내가 앉는 것도 서는 것도 다 아는 사람이 있다. 내가 들어올 때도 나갈 때도 누군가가 안다. 내가 어느 쪽 이로 치실을 끊는지 누군가가 안다. 누군가가 내 모든 행동 방식을 잘 알고 있다. 나를 계속 지켜보고 있기 때문이다! 누군가가 듣고 있다. 내가 실험실에 갇히기라도 한 것처럼 누군가가 나를 연구하고 있다.

오웰과 카프카를 누구나 아는 이름이 되게 만든 악몽이 여기 있다. 이것은 사람들이 너무나 두려워해서 무슨 수를 써서라도 피하고 싶어 하는, 개인 사생활에 대한 위협이다. 시편 기자는 사생활의 부재가 오웰의 상상 정도에 그치지 않는다는 것을 드러낸다. 사생활의 부재는 성경이 제시하는 진리다. 하나님이 우리를 둘러싸신다. 하나님이 지켜보신다! 하나님이 듣고 계신다! 모서리를 돌 때마다, 모든 복도의 끝에, 계단을 한 층 오르거나 내려올 때마다 거기에 하나님이 계신다.

우리에겐 탈출구도, 퇴로도, 사생활도 전혀 없다. 폴 틸리히(Paul Tillich)가 말한 대로, 그래서 사람들은 때때로 신을 죽이고 싶어 한다.[2] 하나님이 계속 내 영역을 침해한다면, 이런 식으로 계속 밀려든다면, 내가 살아가고 움직이고 나름의 방식으로 존재할 여유를 주지 않는다면, 내가 하나님을 공격할 것이다. 하나님을 제거할 것이다. 하나님을 부인하고, 거부하고, 없애 버릴 것이다. 하나님을 불법으로 규정하는 법을 통과시킬 것이다. 하나님을 다른 모습으로 상상하는 컨퍼런스를 조직할 것이다. 하나님을 새로운 방식으로 생각하는 책을 써서 그가 나를 귀찮게 하는 일이 없도록 할 것이다. 학생들에게 더 이상 믿을 필요가 없는 내용을 주로 가르치는 신학교에 진학할 것이고, 하나님은 꾸짖지 않으시고 심판하지도 않으신다고 교인들에게 말하는 목사가 될 것이다. 그들은 책임을 묻지 않는 사회 안에 있는, 책임지지 않는 교인들이다. 나의 교회에서는 하나님을 무시해도 되고 원하는 대로 하나님을 길들여도 된다. 그에 따른 결과는 단 하나, 하나님이 허용이라는 따스한 이불로 감싸주시는 것이다.

사람들은 피할 수 없는 하나님을 피하기 위해 **무슨 일이든** 시도할 것이다. 이것이 내가 하려는 말이다.

하나님의 하나님다움이라는 단순한 사실, 하나님이 하나님이시고 우리는 아니라는 분명한 사실, 이것은 죄 가운데 있는 우리에겐 언제나 참을 수 없는 것이었다. 그것이 바로 우리 구주께서 결국 로마의 십자가에 달리셔야 했던 한 가지 이유다. 복음서는 예수 그리스도께서 하나님을 너무 가까이, 지나치게 가까이 모셔 오셔서 사람들이 불편함을 느끼게 되었다는 것과 하나님이 너무 가까이 오시면 사람들이 그분을 없애고 싶어 하게 된다는 것을 보여준다.

복음서에는 아래와 같은 내용이 등장한다.

제사장들이 그분을 해칠 음모를 꾸몄고
유다가 그분을 배신했고
세 제자들이 그분을 두고 잠들었고

여러 증인이 그분에 대해 거짓말을 했고
베드로는 그분을 부인했다.

하나하나가 예수님의 심장에 꽂히는 말뚝이었고, 이는 로마 군인들이 그분의 손목과 발에 말뚝을 박기 오래전에 일어난 일이었다.

이것은 살인자가 피할 수 없는 하나님께 보이는 반응이며, 수세기에 걸쳐 이어지는 모더니즘은 프리드리히 니체가 아니더라도 모두가 이렇게 반응할 수 있음을 보여준다.

"여호와여 주께서 나를 살펴보셨으므로 나를 아시나이다. 주께서 내가 앉고 일어섬을 아시고 멀리서도 나의 생각을 밝히 아시오며 나의 모든 길과 내가 눕는 것을 살펴보셨으므로 나의 모든 행위를 익히 아시오니 여호와여 내 혀의 말을 알지 못하시는 것이 하나도 없으시니이다. 주께서 나의 앞뒤를 둘러싸시고 내게 안수하셨나이다"(시 139:1-5).

빈칸을 채워 보자. 시편 기자는 이어서 뭐라고 말하는가? 그 지식이 내게 **무시무시합니다**? 그 지식 때문에 **심기가 불편합니다**? 그 지식을 **참을 수가 없습니다**?

아니다. 시편 기자는 동경하는 어조로 이렇게 말한다. 나를 아시는 주님의 지식이 너무나 놀랍습니다. 주께서 나를 이렇듯 잘 아신다는 것이 경이롭습니다.

이 고백으로 모든 것이 달라진다, 그렇지 않은가? 나에 대한 하나님의 지식이 내 어머니의 뱃속에서 나를 지으신 사랑 많으신 창조주의 지식이라면? 모든 것을 아시는 하나님이 실험실에 갇힌 내가 아니라 그분의 은혜 안에 부드럽게 안긴 나를 살피신다면? 피할 수 없는 하나님과 싸우기를 멈추고 내가 그분께 항복한다면? 피할 수 없는 하나님께 순복한다면?

성 아우구스티누스는 여러 해 동안 하나님께 저항했다. 그는 자서전에서 그에 대한 모든 이야기를 들려준다. 그가 생각과 욕망의 미로 속에서 헤매던 그 모든 시간과, 얼마나 늦게 마음의 진정한 본향을 찾게 되었는지를 들려준다. 하나님과 멀리 떨어져 있던 상태와 하나님이 그의 내면으로 뚫고 들어오신 일에 대한 고백은 기독교 경건 문학의 소중한 보물이다. "그토록 오래되셨으면서도 그토록 새로운 '아름다움'이 되시는 당신을 나는 너무 늦게 사랑했습니다.……당신은 나와 함께 계셨건만 나는 당신과 함께 있지 않았습니다.……[그러나] 당신은 부르시고 외치셔서 귀머거리 같던 내 귀를 열어 주셨습니다.……내 눈의 어둠을 쫓아내셨습니다.……당신이 나를 한번 만져 주시니, 불붙은 나는 당신이 주시는 평안을 애타게 그리워합니다."[3]

시편 139편의 저자는 평화롭다. 하나님만이 나를 속속들이 아신다는 사실은 그를 위로한다. 다른 어떤 존재도 그 일을 감당할 수 없기 때문이다. 우리 비밀을 알아도 우리가 안심할 수 있는 분은 하나님뿐이다. 생각해 보라. 우리의 안 좋은 비밀이 새어 나가면 다른 사람들은 그것을 가지고 쑥덕거리고 이용하고 우쭐해한다. 하나님처럼 온전한 슬픔과 온전한 사랑으로 그 비밀에 반응하지 않는다.

우리의 좋은 비밀이 새어 나가면 다른 사람들은 그것을 의심하거나 질투하거나 조롱할 뿐, 하나님의 완전한 기쁨과 완전한 사랑으로 반응하지 않는다.

우리의 비밀들을 알고도 변치 않고 무조건적으로 우리를 사랑할 수 있는 이는 하나님 외에 없다. 우리를 속속들이 알고도 여전히 우리를 위로할 수 있는 다른 이는 없다. 오 하나님, 주님이 나를 앞뒤로 둘러싸십니다. 주님이 내게 손을 얹으셨습니다. 우리는 하나님의 이 손이 너무 무거울까 봐 두려워한다.

그러나 우리에게 얹으시는 하나님의 손이 상처 입은 손이라면, 우리의 허물로 인해 상처받고 우리의 죄악으로 인해 다친 손이라면 어떨까? 하나님이 빅브러더처럼이 아니라 겟세마네 동산의 예수 그리스도처럼 우리를 살피신다면 어떨까? 그분의 영혼이 캄캄한 어둠 속에 있는 상황에서도 그 끔찍한 사랑의 일을 이루기 위해 지켜보시고 기다리시던 예수님처럼 말이다.

로버트 딘은 감시를 받고 있었고 거기서 빠져 나가고 싶어 했다. 하지만 우리는 하나님의 돌보심 아래 있고 지금부터 영원히 그 안에 있기를 원한다.

이번 묵상을 통해 내가 말하려는 것은 단순하다. 누군가가 나를 지켜본다는 것은 무시무시한 일이 될 수 있고, 상상을 뛰어넘는 위로가 될 수도 있다.

모든 것은 지켜보는 이가 **누구인가**에 달려 있다.

오 하나님,
하나님의 지켜보시는 눈길 아래 내가 안전함을 잘 압니다.
주님은 정죄하기 위해서가 아니라 복 주시려고 지켜보십니다.
하나님의 아들 예수 그리스도로 인하여 감사를 드립니다. 아멘.

오래 참음으로
옷 입으십시오[1]

골 3:1-4, 12-14

여러분이 그리스도와 함께 살리심을 받았으니……오래 참음으로 옷 입으십시오(골 3:1, 12, 우리말성경).

매일 매일 우리의 인내를 시험하는 일들이 소소하게 일어난다. 조립을 해야 하는 제품을 구입했는데 설명서를 도무지 이해할 수 없다. 골프장에서 공을 똑바로 쳤는데, 공이 있어야 할 자리를 보니 아무것도 없다. 건조기에 양말 열여섯 짝을 던져 넣었는데 꺼내 보니 열다섯 짝뿐이다. 이렇게 없어진 싱글 양말은 어디로 가는 걸까? 고(故) 어마 봄벡(Erma Bombeck)에 따르면, 싱글 양말은 천국으로 가서 다른 싱글을 만나 짝을 맺는다고 한다.[2] 그러나 그는 어떤 성경 구절도 근거로 제시하지 않았다.

바울은 이렇게 말한다. "여러분은 그리스도와 함께 살리심을 받았으니…… 오래 참음으로 옷 입으십시오." 우리가 오래 참음을 옷처럼 입으면, 여러 가지 골치 아픈 일을 받아들일 수 있다. 좋은 면 셔츠가 스프링클러에서 나온 물 몇 방울을 흡수하는 식으로 말이다.

그런데 우리를 짜증나게 하는 **사람들**의 경우는 어떨까? 자, 우리는 그들도 받아들여야 한다. 그들 중에는 모르는 사람들도 있다. 왼쪽 차로에서 느리게 가는 운전자들(미국에는 빠르게 운전하는 차량이 가장 왼쪽 차로를 이용하는 교통 규칙이 있다—옮긴이). 밤새 개가 짖도록 방치하는 이웃들. 슈퍼마켓의 소액 계산대에서 우리 앞에 선 사람. 이 사람은 열아홉 개나 되는 상품을 컨베이어벨트 위에 놓고 계산원과 잡담을 나누다가 상품 스캔이 다 끝난 다음에야 수표책을 찾기 시작한다.

모르는 사람들은 여러 가지 사소한 방식으로 우리의 인내심을 시험하지만, 우리 가족들과는 상대가 되지 않는다. 짜증을 유발하는 고전적 사례는 집안에서 볼 수 있다. C. S. 루이스는 이렇게 말했다. "두 인간이 오랜 세월 함께 살다 보면 서로 참을 수 없을 만큼 거슬리는 말투나 표정이 생기게 마련이다."[3]

다들 이해할 것이다. 엄마가 딱히 잘못을 하는 것은 아니다. 가끔 울화가 치미게 만드는 방식으로 한쪽 눈썹을 올릴 뿐이다. 아빠가 딱히 잘못을 하는 것은 아니다. 어떤 상황이 되면 금세 망가질 것 같은 볼베어링 소음 같은 목소리가 될 뿐이다.

바울은 이렇게 말한다. "여러분이 그리스도와 함께 살리심을 받았으니…… 오래 참음으로 옷 입으십시오." "서로 용납하여 주십시오." 우리에겐 이 옷이 필요하다, 그렇지 않은가? 오래 참음이 있어야만 짜증나는 일들과 그에 따라오는 낮은 수준의 분노를 관리할 수 있다.

최근 나는 영혼이 건강을 유지하는 일에 있어서 분노 조절이 큰 부분을 차지한다는 교훈을 생생하게 배웠다. 바울이 그리스도 바깥의 삶을 묘사할 때 흔히 성난 삶을 말한다는 것을 주목해 본 적이 있는가? 그 바깥, 그리스도를 모르는 이들의 삶에서 우리는 무엇을 보게 되는가? 바울은 분노와 격분, 비방, 욕설을 보게 된다고 말한다. 시기, 다툼, 험담, 적의, 파당과 싸움을 발견한다. 전쟁과 전쟁의 소문을 본다. 갈라진 교회, 갈라진 부부 관계, 갈라진 우정을 본다. 모두 잔뜩 화가 나 있다!

그것이 그리스도 바깥의 삶이고 미국 문화 안에 깊이 박혀 있다. 성난 정치, 성난 스포츠와 복수를 다룬 영화가 그렇고, 성난 토크쇼와 반항적 태도가 깃든 음악이 그렇다.

바울은 그것을 벗어 버리라고 말한다. 죽여 버리라. 그 모든 성난 옛 옷을 벗고 오래 참음을 입으라. 왜? 오래 참음은 그리스도와 함께 살리심을 받은 사람들에게 **딱 맞는** 옷이기 때문이다. 오래 참음은 하나님의 백성이 입는 가족 유니폼의 일부다.

오래 참음은 분노 조절을 뜻한다. 짜증스러운 일에 관한 한, 성미가 느긋하고 오래 기억하지 않는다는 뜻이다. 오래 참는 사람들은 도발하기가 쉽지 않다. 그들은 웬만해선 침착함을 잃지 않고 많은 것을 받아 낼 수 있다.

바울이 '오래 참음'에 사용한 단어는 마크로티미아다. 마크로티미아가 있다는 것은 짜증나는 일이 생겨도 거기에 휩쓸리지 않고 그 일을 능히 받아 낼 역량이 있다는 의미다. 그것을 이렇게 생각해 볼 수 있다. 오래 참음은 좋은 엔진오일과 같다. 엔진오일이 오염 물질을 다 **제거**하지는 않지만 그것들이 엔진 안에 들어가 고장을 일으키는 일이 없도록 붙들어 둔다. 오래 참는 사람들은 말하자면 크랭크케이스가 커서 여러 성가신 일들을 담아 둘 수 있는 것이다. 그들도 짜증날 때가 있지만 짜증을 담아 둘 마음의 공간을 갖고 있다.

오래 참는 그리스도인이 반드시 순진한 것은 아니며 감정이 없는 것은 더더구나 아니라는 점을 덧붙여야겠다. 그들은 학대와 불의에 분개하고, 그래야 마땅하다. 화를 내는 것이 옳을 때가 있다. 거룩한 사람들은 크게 화를 낼 수 있다. 당신의 아이가 학대를 받거나, 출석 교회가 비방을 듣거나, 배우자가 모욕을 당하거나 하나님이 모독을 당한다면, 분개하기를 바란다. 누군가 우리를 속여서 일자리나 유산이나 평판을 잃게 만든다면, 우리는 그 일로 크게 화를 낼 권리가 있다. 나의 스승 루 스미즈(Lew Smedes)에 따르면, 의분은 "인간의 **품위**를 지키기 위한 집행권이다."

그러나 그런 큰 분노거리들 앞에서도 오래 참음이 필요하다. 우리는 짜증나는 일들을 오래 참음이라는 크랭크케이스에 담아 둘 수 있고 그러다 보면 그에 대해 잊어버리기도 한다. 그런데 큰 분노를 유발하는 일들도 한동안 그 안에 있어야 한다.

왜 그럴까? 심각한 피해를 입었을 때는 멈춰서 올바른 대응 방법을 생각해야 하기 때문이다. 어쩌면 우리는 가해자를 책망해야 할지도 모르지만, 책망이란 까다로운 수술과 같아서 분노로 손이 부들부들 떨릴 때는 해낼 수 없다. 책망은 오래 참는 책망이어야 한다.

용서도 마찬가지다. 우리는 자신에게 상처를 준 사람을 용서할 수 있지만, 용서에는 시간이 걸리기 마련이다. 그리고 하나님이 용서할 은혜를 주시는 날이 오면, 그때 가해자에 대한 분노를 버리게 될 것이다. 이것이 용서의 핵심 단계다. 정당한 권리가 있는 분노를 버리는 것 말이다. 하지만 분노를 버리려고 찾아보면 그 감정은 어떤 상태에 있을까? 오래 참는 사람은 자신의 분노가 유예된 상태임을 발견할 것이다. 하나님이 그 분노를 마침내 버릴 은혜를 주실 때까지 그 상태로 있는 것이다. 그리스도인의 용서는 오래 참는 용서다.

의분에 이끌려 정의를 추구하는 경우도 있을 것이다. 그러나 정의를 이루는 일에도 시간이 들고 차가운 머리가 필요하다. 그렇기 때문에 법정에 온갖 규칙이 있는 것이다. 일어서야 할 때가 있고 앉아야 할 때가 있다. 말해야 할 때가 있고 침묵해야 할 때가 있다. 재판장에게 말할 때는 정해진 격식을 지켜야 한다. 재판장에게 **다가갈** 때도 먼저 허락을 구하는 게 정해진 격식이다. 정해진 격식의 많은 부분은 분노 조절과 관련이 있다. 정의의 수레바퀴가 굴러가기를 기다리는 동안 모든 사람이 분노를 유예해야 한다는 생각이 여기에 담겨 있는 것이다.

하퍼 리(Harper Lee)의 소설 『앵무새 죽이기』를 원작으로 한 영화(1962)에서 그레고리 펙은 정직하고 고결한 변호사 애티커스 핀치를 연기한다. 영화의 막바지에 등장하는 한 장면이 내 마음에 자주 떠오른다. 애티커스 핀치는 1930년대 앨라배마의 작은 마을에서 강간죄로 무고를 당한 흑인 톰 로빈슨을 최선을 다해 변호했다. 애티커스는 톰 로빈슨의 무죄를 주장하며 유창하고 열정적으로 변론했고 그의 변론은 정당했지만, 인종차별적 배심원단은 어쨌거나 톰에게 유죄 평결을 내린다. 재판이 끝나고 백인 지정석인 법정 1층에 있던 모든 백인이 자리를 뜬다. 그러나 발코니 층의 흑인들은 모두 그 자리에 서 있다. 톰 로빈슨의 친구들과 가족들은 거기 위층에 모여 있고 떠날 기미를 안 보인다! 그들은 애티커스 핀치가 법정을 떠날 때까지 자리를 뜰 생각이 없었다. 핀치는 그들이 사랑하는 사람을 위해 헌신한 사람이었으니까.

그들 무리의 지도자는 톰 로빈슨의 담임목사다. 그는 애티커스 핀치의 아이들을 안내하여 난간 사이로 재판을 지켜볼 수 있는 발코니 층의 자리에 앉혔다. 이제 재판은 다 끝났지만 **흑인들은 자리를 뜨려 하지 않았다!** 그들은 애티커스 핀치가 재판에서 지는 것을 보았지만, 그가 혼신의 힘을 다해 톰 로빈슨을 위해 싸우는 것도 보았다. 그래서 애티커스가 법정을 걸어 나갈 때 발코니층의 모든 사람이 그 고결한 사람에 대한 존경의 뜻으로 말없이 일어선다. 그리고 목사는 자신의 발치에 앉아 있던 애티커스의 딸에게 말한다. "일어나세요, 진 루이스 양. 일어나, 아가씨. **아버지께서 지나가시잖아!**"

애티커스 핀치에게 무엇이 있었을까? 그는 정의로웠고 친절했다. 그러나 그 법정에서 드러난 것은 그가 가진 오래 참음의 힘이다. 법정 장면들을 기억하는가? 그곳에 있던 애티커스의 모습이 그려지는가? 그는 화가 나 있다. 그의 의뢰인은 무고를 당했고 애티커스 핀치가 맡은 일은 이 불의에 맞서 싸우는 것이다. 그래서 그는 싸운다. 그 과정에서 관객은 그의 눈에 어린 분노를 읽는다. 그의 움직임에서 분노를 본다. 그가 배심원단 쪽으로 몸을 기울이고 "하나님의 이름으로, 여러분의 의무를 이행하십시오!"라고 말할 때, 그 음성에서도 분노가 일렁인다. 그는 화가 많이 났다. 하지만 자신의 분노가 방해물이 되게 둘 수 없었다. 그의 임무는 톰 로빈슨을 변호하는 것이었다. 그리고 그것은 그가 분노를 유예하고 그의 일을 해야 한다는 뜻이었다.

"여러분이 그리스도와 함께 살리심을 받았으니…… 오래 참음으로 옷 입으십시오."

영적으로 성숙한 사람들은 동네북이 아니다. 그들은 화낸다는 것이 무엇인지 안다. 그러나 분노 조절에 대해서도 많은 것을 안다. 그들은 애티커스 핀치처럼 오래 참는다. 이것은 그들이 아주 **강한** 사람들이라는 뜻이다. 오래 참기 위해서는 영혼의 근육이 필요하다.

여러분은 그리스도와 함께 살리심을 받았다. 즉 세례를 받고 기독교 공동체의 일원이 되고 예수 그리스도와 공개적으로 하나가 되었다. 자신의 옛 자아를 그 모든 분노 및 악의와 함께 죽였고 무덤에서 걸어 나오신 예수님처럼 새 자아가 살아났다. 이제 여러분은 그리스도인이다. 그러니 오래 참음을 옷 입듯이 입으라. 오래 참음을 옷처럼 덮어쓰라. 오래 참음은 그리스도와 함께 살리심을 받은 사람들에게 **딱 맞는** 옷이다. 오래 참음은 하나님의 백성이 입는 가족 유니폼의 일부다.

좋다. 그럼 어떻게 오래 참을 수 있을까?

그러니까 모든 덕과 마찬가지로, 오래 참음은 궁극적으로 하나님의 선물이다. 성령의 열매다. 하지만 오래 참음은 우리의 책임이기도 하다. 우리는 오래 참음을 길러야 한다.

이를 위해 네 가지 길을 제안하고 싶다.

첫째, 짜증나는 사람들을 상상력이 풍부한 사랑의 눈으로 바라보자. 우리가 왼쪽 차선의 느려터진 운전자 뒤에 있다고 상상해보자. 그러면 그 뒤로 차를 바싹 붙이는 식으로 그를 다그쳐서, 차선을 바꾸는 것이 **하나님의 뜻**임을 깨닫게 하고 싶은 마음뿐일 것이다. 그러나 우리에겐 상상력이 풍부한 '제3의 눈'이 있다. 느려터진 운전자를 다그치는 대신에 그 눈으로 그가 누군가의 가족이라는 것을 일부러 상상해 보는 거다. 우리는 가족의 차 뒤에 바싹 따라붙어 운전하지 않는다. 그렇지 않은가? 우리는 그들이 평화롭게 맡은 일을 하고 볼 일을 보도록 여유를 준다. 바울은 고린도전서 13:4에서 "사랑은 오래 참고, 사랑은 친절"하다고 말한다. 사랑이 오래 참는 이유 중 하나는 **상상력이 풍부하기** 때문이다.

둘째, "위에 있는 것들을 추구하십시오. 거기에는 그리스도께서 하나님의 오른편에 앉아 계십니다"(골 3:1, 우리말성경). 이 말씀은 시각을 넓히라는 의미다. 어느 날 하나님의 나라가 임할 것이고 하나님의 뜻이 이루어질 것이다. 그 큰 틀 안에서 보면 교통 정체는 아무것도 아니다. 모욕도 그렇고, 아이의 짜증도, 친구들의 거슬리는 습관도 마찬가지다. 이런 것들은 잃어버린 골프공과 같다. 결국엔 아무것도 아니다.

셋째, 오래 참는 사람들의 제자가 되라. 우리 주위에는 크랭크 케이스가 아주 큰, 멋진 사람들이 있다. 그들을 지켜보고 그들의 말을 듣고 그들의 오래 참는 모습을 배우라. 당신이 정말 오래 참는 사람을 화나게 한 적이 있다면, 그의 대응을 절대 잊지 못할 것이다. 그는 당신에게 화가 났더라도 그 화를 유예한다. 그는 당신의 짜증스러운 부분을 다 무시하고 당신의 마음을 들여다본다. 그리고 그 마음이 거장의 작업장에서 나왔음을 알아본다. 그는 당신 안에서 하나님이 만드신 어떤 것을 발견하면, 그것을 사랑한다. 그러면 어떤 일이 일어날까? 우리는 번성하기 시작한다. 그 놀라운 사람이 우리에게 거는 기대에 부응하여 성장한다. 성장을 거쳐 오래 참는 그가 고대하는 바로 그런 사람이 된다. 오래 참음을 배우는 것은 악기를 배우는 일과 비슷하다. 우리에겐 한두 명의 좋은 스승이 필요하고, 그 다음에는 연습을 해야 한다.

끝으로, 우리 구주를 바라보라. 오래 참음을 염두에 두고 그리스도를 바라보면 무엇이 눈에 들어오는가? 예수님이 당하신 수난과 죽음은 그저 불편한 일이나 불의의 한 가지 사례 정도가 아니었다. 예수 그리스도는 온 세상의 악을 담당하셨다. 그분은 극한의 악을 감내하시고 그것을 되갚지 않으셨다. 그렇게 해서 성난 세상을 끔찍하게 옥죄는 복수의 고리를 끊으셨다.

십자가의 무게에 짓눌려 후들거리는 다리를 끌고 비틀대며 골고다로 향하는 길을 가신 그리스도의 모습을 보면 삶의 짜증나는 일들에 무심해진다. 십자가에 비하면 그런 일들은 작아 보인다. 목숨 걸 만한 일들로 보이지 않는다. 그러면 큰 불의들은 어떨까? **이미** 그 불의들 때문에 죽은 분이 계신다. 그래서 우리는 우리 분노의 일부를 그리스도께 맡길 수 있다. 정의를 향한 그분의 갈망은 우리보다 무한히 더 크고, 그분의 심판은 결국 완벽하게 의로울 것이다.

"여러분이 그리스도와 함께 살리심을 받았으니…… 오래 참음으로 옷 입으십시오." 오래 참음은 그리스도와 함께 살리심을 받은 사람들에게 딱 맞는 옷이다. 오래 참음은 하나님의 백성이 입는 가족 유니폼의 일부다.

오 하나님, 내게 오래 참음을 주소서.

내 마음을 움직이셔서, 예수님의 이름으로

오래 참음으로 옷 입는 책임을 감당하게 하소서. 아멘.

그 동안에[1]

눅 21:25-36

이런 일들이 일어나기 시작하거든, 일어서서 너희의 머리를 들어라. 너희의 구원이 가까워지고 있기 때문이다(눅 21:28, 새번역).

우리는 예수 그리스도의 초림과 재림 사이에서 살아가고, 우리 대부분은 초림에 더 좋은 인상을 갖고 있다. 크리스마스의 주인공이 한 아기이다 보니 여러모로 편하게 다가오는 것이다. 우리는 아기들에 대해 아는 바를 바탕으로 크리스마스를 길들인다. 성탄 말구유 장식을 설치하고, 대림환(대림절에 쓰는 네 개의 초를 꽂는 촛대. 성탄 4주 전부터 주일마다 하나씩 불을 켠다―옮긴이)을 걸고, 포인세티아 한두 그루를 놓는다. 찬송가「그 어린 주 예수」를 다른 곡조로 부르기도 한다. 요컨대 꼴 위에서 자는 어린 주 예수님이 결국 누구에게도 겁을 주는 일이 없도록 크리스마스를 관리할 줄 아는 것이다.

그러나 재림은 이와 전혀 다르다. 일단 성경이 우리 주님의 다시 오심을 해석하기 어려운 묵시 문학으로 묘사한다는 문제가 있다. 묵시란 이 세상 배후에 있는 세계를 드러낸다는 뜻이다. 이것은 이 시대에서 다음 시대로의 전환을 알리는 계시다.

그러나 그 전환은 부드럽게 이루어지지 않는다. 긴급 사태들이 계속 터진다. 복음서의 시나리오에 따르면 예수 그리스도의 재림 시에는 모든 것이 해체된다. 나라들이 전쟁을 벌이고 민간인들은 피할 곳을 찾아 내달린다. 거리에는 유혈이 낭자하며 밭에는 기근이 퍼진다. 땅이 흔들리고 바다가 사납게 울부짖는다. 위로는 하늘에 징조가, 아래로는 땅에 공포가 있으며, 별들이 떨어지고 사람들은 두려워 죽을 지경이 된다. 재난이 줄지어 펼쳐진다.

누가복음에 따르면 이 모든 혼란 한복판에서 사람들은 "인자가 큰 권능과 영광을 띠고 구름을 타고 오는 것을 볼"(21:27) 것이다. 그분은 강림하시는 주님이다. 다가오시는 주님이다. 그분은 심판할 권세와 구원할 권세를 모두 갖고 계시고, 다시 오실 때는 그 존재감이 너무 커서 누구도 그분의 모습을 놓칠 수 없을 것이다. 종말에 그분은 C. S. 루이스의 말처럼 "변장하지 않은 모습"으로 나타나실 것이다. 그 모습이 너무나 명백해서 "모든 피조물은 저항할 수 없는 사랑에 뒤덮이든지, 저항할 수 없는 공포에 사로잡

힐" 것이다.[2]

이것은 인류 드라마의 절정부다. 그리스도께서 그분의 성도들을 모으시고 순교자들이 옳았음을 드러내러 오신다. 우리 그리스도인들이 인류 역사의 절정으로 고백하는 이 사건에서 모든 세월의 모든 소망과 두려움이 마지막으로 한데 모인다.

재림은 왜 우리 중 몇몇 이들을 주춤거리게 만들까? 이 주제의 무엇이 우리를 불편하게 할까? 첫째, 우리는 묵시 문학 읽는 법을 모른다. 특히 그것을 문학적으로 읽는 법을 모른다.

둘째, 교회는 오랫동안 예수님의 재림을 기다려 왔지만 그분은 아직 오지 않으셨다. 사람들은 정해진 일상에 자리를 잡았고 이제 지평선 살펴보기를 그쳤다.

그래서 대부분의 가톨릭 신자들과 신앙고백적 개신교 신자들은 일종의 중간적 믿음, 지상에 상당히 근접한 상식적 기독교에 머물러 있게 되었다. 우리는 재림 같은 크고 요란한 사건들을 **부정하지** 않지만, 그에 대해 많이 생각하지도 않는다. 어쨌든 우리에겐 아직 교회와 성례가 있다. 성경과 기도가 있고 여전히 황금률과 십계명이 있다. 그리고 매주 우리의 돈과 시간의 일부를 하나님 나라를 위해 신실하게 바친다. 이것이 지상에 있는 기독교이며, 이 정도 종교라면 기대고 살아가기에 충분하다.

왜 우리는 재림을 불편하게 여길까? 앞서 말했듯이 묵시 문학에 어려움을 느끼기 때문이고, 하나님의 시간표를 알 수 없기 때문이다. 세 번째 이유는 많은 신자들이 세속화된 나머지 세계를 납작한 곳으로 보게 되어, 예수 그리스도의 재림이 그 납작해진 세계에 잘 들어맞지 않기 때문이다. 이제 우리는 재림이 너무 환상적이라고 생각한다. 재림은 너무 초자연적이다. 어떤 분위기에서 우리는 재림을 창피하게 생각하기도 한다. 우리는 그것을 창피한 얘기로 여기고 종말의 예측을 수십억 달러짜리 산업으로 바꿔 놓은 창피한 그리스도인들에게 그 주제를 맡겨 버린다. 그들은 얼마나 골치아픈 존재인가! 예언광들은 컴퓨터 차트와 잘못된 예측을 가지고 예언적인 임기응변을 발휘하여 새로운 예측을 내놓는다. 폴라 프레드릭슨(Paula Fredriksen)은 이런 임기응변을 "묵시적 재즈"[3]라고 부른다. 휴대용 계산기를 두들기는 예언광들과 예수님이 정확히 언제 다시 오실지 자신 있게 말하는 설교자들이 하는 일들이다.

이 모두가 참으로 걱정스럽다. "주님, 나를 데려가소서!"라고 적힌 범퍼 스티커를 보면 참으로 걱정스럽다. 파괴된 차량과 추락한 비행기 등 휴거를 다룬 4색 코팅 식탁 매트를 보는 것도 참으로 괴롭다!

우리 중에는 예수님의 재림을 불편하게 여기는 이들이 있고, 나는 그들의 심정을 알 것 같다.

그러나 한 가지 물어보고 싶다. 그럼 아예 주님의 다시 오심을

무시하는 것이 나을까? 머리 위에 낮은 천장을 두고, 주님이 들어오실 자리도 없이 사는 것이 나을까?

우리는 이번 장의 성경 본문에서 예수님의 경고를 받는 부류의 사람들일 수 있다. 깨어 있어라! 예수님이 말씀하신다. 머리를 들어라! 조심하라! 인자 앞에서 설 수 있는 힘을 갖게 해달라고 기도하라! 재림에 대한 기대를 접고 지상의 종교에 안주한 사람들에게 그분이 말씀하신다. 그들의 마음은 지상에 잠겨 있다. 34절(새번역)이 말하듯, 그들의 마음은 "짓눌려" 있다. 세상의 염려에 짓눌리고 세상의 오락으로 그 염려를 달래는 하나님의 사람들이 여기에 있다. 예수님은 특히 술 취함을 언급하신다. 사람들은 염려하다가 술에 취한다. 술에 취해서 염려를 한다. 염려가 찾아오면 술이 마시고 싶어진다. 이 전형적인 중독 사이클 안에서 사람들은 괴로움을 초래한 바로 그것을 가지고 괴로움을 덜어 보려 하다가 결국 제 발로 덫에 걸려든다.

깨어 있어라! 예수님이 말씀하신다. 조심하라! 그분이 말씀하신다. 이렇게 말씀하시는 이유는 그분의 재림이 종말에 일어날 불꽃놀이가 아니기 때문이다. 재림은 하나님 나라가 오는 것이다. 지상에 정의가 임하는 일이다. 예수님은 성전을 가득 채운 청중에게 말씀하신다. 이런 징조들이 나타날 때, 포기하지 마라! 얼어붙지마라! "이런 일들이 일어나기 시작하거든, 일어서서 너희의 머리를 들어라. 너희의 구원이 가까워지고 있기 때문이다."

"너희의 구원이 가까워지고 있다!" 누가복음 21장에서 예수님은 구원에 대해 아는 민족에게 말씀하고 계신다. 그들은 출애굽의 민족이다. 유월절의 민족이다. 그들은 이집트, 바벨론, 로마에게 압제당한 역사를 가지고 있다. 그들에게 구원은 마음의 소원이다. 그들은 로마를 쫓아내기를 원한다. 카이사르를 떨쳐내기를 원한다. 그것이 그들의 꿈이다. 그들이 열망하는 바다. 하나님의 구원의 도래는, 정의가 오고 해방이 오고 온 땅의 왕께서 오신다는 뜻이다. 성경의 사람들은 하나님의 구원을 원할 때 이렇게 부르짖었다. 오 하나님, 나를 건지소서. 나를 구해 내소서. 오 하나님, 내게 귀를 기울이소서. 주의 의로 **나를 구원하소서**(시 71:2).

우리는 이런 열정에 대해 아는 바가 있는가? 살기가 괜찮으면 하나님 나라를 구하는 기도가 좀 약해진다는 생각이 든다. 후스토 곤잘레스(Justo González)는 우리가 하나님 나라를 구하는 기도를 하나님이 듣지 못하시게 하려고 속삭이듯 기도한다고 말했다.[4] 우리는 "하나님 나라가 오게 하소서"라고 기도하지만 사실은 그렇게 되지 않기를 바란다. "하나님 나라가 오게 하시되 당장에는 마소서"라고 기도한다.

우리의 나라가 한해를 잘 보내고 있을 때 우리는 딱히 하나님 나라를 구하지 않는다. 사는 것이 괜찮을 때 구원은 그렇게 좋은 소식으로 들리지 않는다. 사람 생각이 원래 그렇게 돌아간다. 하나님의 구원은 삶이 **나쁜** 소식인 사람들에게 좋은 소식이다. 우리가 파라오의 이집트에 사는 노예나 남북 전쟁 이전 미시시피주의 노예라면 구원을 원할 것이다. 우리가 바벨론에 유배된 이스라엘 사람이거나 부패로 옴짝달싹 못하는 나이지리아 사람이라면 구원을 원할 것이다. 당신이 현대 인도의 여성이고—어느 카스트에 속하는지와 상관없이— 당신 가족이 충분한 결혼 지참금을 내지 않았다고 생각해서 남편이나 약혼자가 당신을 석 달 동안 옷장에 가두거나 친구들을 불러와 강간, 살해하겠다고 위협한다면, 당신은 사악한 성차별주의에서 구원받기를 바랄 것이다. 당신의 전 존재로 구원을 원할 것이다.

성경에 따르면 구원을 원하는 사람은 그가 의식하든 못하든 하나님 나라를 원한다. 그리고 하나님 나라가 도래하려면 왕이 오셔야 한다. 그 왕은 권력과 큰 영광을 갖고 돌아오실 것이다. 우리가 이 종말의 사건을 어떻게 이해하든, 이 사건이 어떤 모습으로 나타나든, 예수 그리스도의 재림이 그리스도인에게 뜻하는 바는 하나님의 의가 마침내 땅을 가득 채우리라는 것이다.

현재의 삶이 형편없는 사람들은 재림이 당장 이루어지기를 원한다. 현대 사하라 사막 남쪽의 아프리카에 사는 그리스도인은 누군가가 예수 그리스도의 재림에 대해 말하는 것을 듣고 하품을 하지 않을 것이다. 전염병이 온 국민에게 타격을 주면, 우리는 구원자를 원하게 된다. 날개에 치유를 싣고 오시는 그분을 원하게 된다. 열정적 그리스도인들은 주님의 재림을 **원한다.**

그리고 긍휼히 여기는 그리스도인들도 주님의 재림을 원한다고 덧붙여야겠다.

우리 삶이 달콤할 때, 삶이 그렇게 달콤하지 않은 다른 세계 사람들을 살필 수 있다. 우리는 그들을 향해 머리를 들고 소망을 품을 수 있다. 우는 자들과 함께 울고 소망하는 이들과 함께 소망할 수 있다. 우리는 우리의 세상, 우리 집, 우리 교회 너머를 볼 수 있다. 우리 자신에 대해 소망을 품는 것은 자연스럽고 아주 건강한 일이지만, 우리 자신을 위해서**만** 소망을 품는 것은 자연스럽지 않다. 그것은 너무나 편협한 일이다.

예수님이 말씀하신다. 편협한 염려와 염려를 덜기 위한 편협한 오락에 짓눌리지 않도록 경계하라. 자신에게 몰두하는 치명적 상태에 빠지지 않도록 경계하라. 조심하라! 깨어 있으라! 하나님 나라가 오고 있으니 일어서서 머리를 들라.

예수님의 말씀은

우리의 게으름에 대한 해독제요
우리의 세속적 냉소주의에 대한 해독제이며
예언광들을 조롱하는 우리 모습에 대한 해독제다.

예수님의 말씀은 우리가 머리를 들고 소망을 품게 하고자 주어진 것이다. 이 땅에 정말 정의가 임할 수 있을까? 남편들이 아내

구타하기를 멈추고 아내들이 자책을 멈출 수 있을까? 아랍 사람들과 이스라엘 사람들이 서로의 눈을 들여다보고 형제자매로 여길 수 있을까? 사람을 옥죄는 중독과 질병에 시달리는 이들을 하나님이 해방시켜 그분의 나라에서 그들이 당당한 걸음을 내딛게 만드실 수 있을까? 빈곤하기 그지없는 우리 마음으로는 상상할 수도 없는 방식으로 예수 그리스도께서 우리 중에 나타나실 수 있을까? 현실의 경계에 대한 우리의 오만한 확신을 간단히 지워 버릴 시나리오대로 말이다.

하나님 나라를 믿는다면, 우리는 기도할 것이고 소망이 별로 남지 않은 이들을 위해 소망을 품을 것이다. 그리고 한 가지, 더 힘든 것이 하나 더 있다. 우리는 자신이 소망하는 방향으로 나아가며 일할 것이다.

나의 스승 루이스 스미즈는 『하나님의 약속 위에 서라』(Standing on the Promises)라는 제목의 멋진 책에서, 다른 사람들을 위해 소망을 품는 것은 어렵지만 가장 어려운 일은 아니라고 말한다. 다른 사람들을 위해 기도하는 일도 마찬가지다. 예수 그리스도의 재림을 믿는 사람들에게 가장 힘든 부분은 "사람들의 입에서 이런 말이 나오도록 살아가는 것이다. '아, 의가 우리 세상을 점령하면 사람들이 **저렇게** 살아가겠네요.'"[5]

가장 어려운 부분은 우리의 행함과 태도에서 신실함이 드러나는 것이다. 우리가 하나님 나라의 자력에 이끌려 나아가고 있음을 보여주는 신실함 말이다.

놀라운 이야기 하나로 이번 장을 마무리하고자 한다. 1779년 5월의 어느 밝은 날, 코네티컷 주하원이 개회 중이었다. 하원의원들은 자연광만으로 업무를 볼 수 있었다. 그런데 누구도 예상치 못했던 일이 일어났다. 의원들이 토의를 벌이는 중에, 낮이 갑자기 밤이 된 것이다. 구름이 해를 가리면서 주위가 캄캄해졌다. 일부 의원들은 재림이 일어난 거라고 생각했고 소란이 일었다. 사람들은 휴회를 원했다. 기도하기를 원했다. 주님의 재림을 준비하기를 원했다.

그러나 하원의장의 생각은 달랐다. 그는 기독교 신자였고 건전한 논리와 훌륭한 믿음으로 그 상황에 대처했다. 그는 모두 어둠 때문에 당황했고 두려워하는 사람들도 있다고 말했다. 그리고 그의 말은 이렇게 이어졌다. "주님의 날은 지금 임하고 있거나 아직 임하지 않았거나 둘 중 하나입니다. 아직 오지 않았다면 휴회할 이유가 없고, 만약 주님이 오고 계신다면, 저로서는 제 일을 감당하다가 주님을 맞이하고 싶습니다. 그러므로 촛불을 켤 것을 요청합니다."[6]

예수님의 재림을 기대했던 사람들은 그의 말에 책상으로 돌아가 회의를 재개했다.

주 예수 그리스도여, 우리는 기다리고 소망합니다.

기다리면서 의를 위하여 일합니다.

우리가 소망하는 방향으로 나아가며 일합니다.

주님을 바라봅니다. 아멘.

만약의 경우를
위한 신

8

출 32:1-8, 30-35

아론이 그들의 손에서 금 고리를 받아 부어서 조각칼로 새겨 송아지 형상을 만드니 그들이 말하되 이스라엘아, 이는 너희를 애굽 땅에서 인도하여 낸 너희의 신이로다 하는지라. 아론이 보고 그 앞에 제단을 쌓고 이에 아론이 공포하여 이르되 내일은 여호와의 절일이니라 하니 (출 32:4-5).

성경에서 우상숭배는 일종의 간음이다. 하나님과 우리의 신성한 관계 안에 경쟁자를 집어넣는 일이기 때문이다. 그것은 두 신을 섬기는 일이다. 그리고 간음은 일종의 우상숭배다. 간음은 우리의 애정을 쪼개 놓기 때문이다. 배우자가 **둘**이 되는 것이다.

크레이그 얘기를 해보자.

크레이그는 간음자가 되었고 생활이 달라지기 시작했다. 그는 자기 명의로 신용카드 한 장을 발급하고 청구서가 사무실로 발송되게 했다. 새 속옷을 구입했다. 이를 닦으면서 제자리 뛰기를 했다. 그에게 다른 여자가 생겼다.

그것은 이상한 일이기도 했다. 아내 새런은 굳세고 아름다운 사람이었기 때문이다. 사실 크레이그와 샤론은 서로 사랑하고 신뢰했다. 둘 다 일을 했고 행복했다. 여러 해 동안 크레이그는 아내와 공유한 이 모든 것을 당연하게 여겼다.

그러나 어느 겨울밤에 상황이 달라졌다. 크레이그는 고등학교 졸업 25주년 동창회 모임에 혼자 참석했다. 졸업 25주년 동창회 모임이 나이 들어 가는 이들에게 일종의 중간고사라는 것을 알고 있었지만 염려하지 않았다. 그에겐 사랑스러운 아내와 멋진 두 아이가 있었다. 독실한 신앙과 두둑한 급여를 주는 일자리도 있었다. 크레이그는 즐거운 시간과 옛 추억을 기대했다.

모임은 정말 즐거웠다. 술과 만찬과 노래와 연설이 있었다. 파티는 밤늦게까지 이어졌고 장소를 바꿔 더 많은 술을 마셨다.

그 자리에는 캐런도 있었다. 크레이그와 캐런은 고등학교 시절 한때 사귀었다가 젊은이 특유의 오해로 헤어진 사이였다. 그랬던 두 사람이 바의 칸막이 자리에서 다시 만나고 있었다. 한 여자의 남편, 아이들의 아버지, 그리스도인인 크레이그가 과거의 여인 캐런과 함께 있었다.

크레이그는 그 자리에 매료되었다. 과거의 오래되고 은밀한 이야기들에 강력하게 끌리는 자신을 발견했다. 대화 도중 어느 시점에 캐런이 말했다. "우리 한때 가까웠잖아. 하지만 그런 관계였는데도 우리는 정말 아무것도 **하지** 않았어. 관계를 완성하지 않은 거지. 우리는 너무 착한 아이들이었어."

"그렇지, 우린 완성하지 않았어." 크레이그는 그렇게 말했다. 그 다음에 자신도 모르게 이렇게 말했다. "하지만 지금도 절대 늦지 않았어!" 농담처럼 한 말이었고, 적어도 본인은 농담을 했다고 생각했지만 캐런의 생각은 달랐다. 그날 밤의 일정은 새벽 2시, 매리어트 호텔의 어느 방에서 끝났다.

이후 다섯 달 동안 두 사람은 조심스럽고 비밀스럽게 움직인다. 그리고 크레이그는 자신의 문제로 괴로워한다. 그는 마음이 나뉜 사람이다. 두 여자를 사랑한다. 두 사람을 모두 사랑한다. 그에게는 굳세고 한결같은 섀런이 있다. 그는 아내를 떠날 수 없다. 샤론이 필요하다. 그녀는 그의 닻이고 반석이다. 섀런을 떠났다가 캐런과 잘못되면 어떻게 하지? 그러면 그의 곁에 아무도 없을 것이다. 그렇게 생각하니 자기연민이 홍수처럼 밀려온다. 크레이그는 스스로에게 말한다. '아냐, 아냐. 난 아내를 떠나면 안 돼. 샤론이 필요해. 만약의 경우를 대비해서 말이지.'

그러던 어느 날, 섀런이 진실을 알게 된다. 그녀는 격분한다.

상처입고 질투심을 느낀다. 그녀가 따진다. "어떻게! 어떻게 이런 일을 할 수가 있어? 당신이 우리에게, 우리 아이들에게, 하나님께 이런 일을 할 수가 있느냐고?"

크레이그는 너무나 혼란스럽다. 그가 말한다. "한번만 이해해 줘. 그냥 그렇게 된 거야. 고등학교 동창회 모임이었고 난 추억에 잠겼어. 이런저런 일이 이어지다 보니, 몇 시간 후에 엉뚱한 사람이랑 침대로 들어간 거야. 그냥 그렇게 된 거야, 그게 전부야. 이런 일이 내게 일어날 수 있다고는 생각도 못했어. 꿈도 꾸지 못했어."

이스라엘과 하나님의 결혼도 다른 여느 결혼처럼 열렬하게 시작되었다. 하나님은 이집트의 담장을 허무셨고, 노예 상태에서 해방된 그분의 백성은 믿음과 감사로 불붙었다. 하나님과 그들은 시내산에서 혼인 서약을 맺었다. 주님은 이렇게 서약하셨다. "이제 너희가……내가 세워 준 언약을 지키면, 너희는 모든 민족 가운데서 나의 보물이 될 것이다"(출 19:5). 백성들은 나름의 서약으로 화답했다. "주님께서 말씀하신 모든 것을 우리가 실천하겠습니다"(19:8, 이상 새번역).

그러나 결혼식이 끝나고 시간이 꽤 흐르면서 함께하는 생활은 심드렁한 일상이 되었다. 출애굽기 32장의 첫 부분에서 이스라엘은 광야에 모여 있다. 모세는 하나님과 대화하기 위해 시내산으로 올라갔지만, 다른 사람들이 보기에는 그가 한 번 더 등반에 나선 것뿐이었다. 사람들은 이렇게 불평한다. "이 모세 곧 우리를 애굽 땅에서 인도하여 낸 사람은 어찌 되었는지 알지 못함이니라" (32:1).

하루하루 지날수록 그들의 목적의식은 약해진다. 한때 이스라엘 백성은 확신에 차 있었다. 그들은 구출과 승리와 약속을 경험했고, 그 산에는 연기와 우레가 가득했다. 그러나 이제 모세는 산에 올라갔고, 하릴없이 날짜가 지나고 있었다.

이렇게 되자 사람들은 생각하게 된다. 광야로 들어온 일이 실수였으면 어떻게 하지? 다 감상에 젖어 벌인 일이라면 어떻게 하지? 모세는 순례와 약속에 대한 모든 경건한 얘기를 믿는지 모르지만, 우리는 지금 사막에 있지 않은가! 오도 가도 못하고, 꼼짝 못하고, 중년의 권태에 사로잡힌 채. 우리의 중보자는 산에 올랐고, 우리는 홀로 남겨졌다.

사람들은 생각하기 시작한다. 만일 모세의 하나님이 동화라면, 우리는 현실을 직시해야 한다. 어딘지도 모를 곳 한복판에 이렇게 죽치고 있을 수는 없다. 우리에겐 믿을 수 있는 모종의 힘이 필요하다. 우리가 이용할 수 있는 **어떤** 힘이 있어야 한다.

그래서 백성은 아론을 찾아간다. 여기서 우리가 이해해야 할 것이 있다. 모세가 계시에 능했는지 몰라도, 종교 쪽은 아론이 전문가라는 것이다. 그는 사람들의 필요를 안다. 물론 아론은 사람들에게 야훼를 제시할 수 있지만, 다른 회사에서 판매하는 보험도 내놓을 수 있다. 아론은 지역에서 **독립적으로** 활동하는 보험설계사다.

백성이 아론을 찾는다. 그들은 그에게 이렇게 말한다. 보시오, 당신에게 21세기에도 의미 있는 종교가 있소? 솔직히 말해, 우리는 당신과 당신 동생이 가르쳐 온 그 신학교 신학에 넌덜머리가 나오. 우리에게 건강과 부를 줄 수 있는 그런 신 어디 없소?

아론은 선택지를 검토한다. 그는 사람들에게 믿음이 필수품이라는 것을 안다. 그들에겐 신이 있어야 한다. 그리고 그는 이집트에서의 상황을 되돌아본다. 그곳에서 사람들은 언제나 자신들의 신들에 만족하는 듯 보였다. **그들의** 신들은 꽤 인기가 좋았다.

마침내 아론은 모두에게 말한다. 들어 보세요, 여러분은 이집트에서 가지고 나온 금귀고리를 좋아하지요? 여러분이 아는지 모르겠지만, 금은 신을 만드는 데도 아주 좋은 물건입니다. 올해의 상등급 신들 중 일부는 금으로 제작되고 있어요.

"모든 백성이 그 귀에서 금 고리를 빼어 아론에게로 가져가매 아론이 그들의 손에서 금 고리를 받아 부어서 조각칼로 새겨 송아지 형상을 만드니[라]"(32:3-4).

그 다음에 백성은 신상 주위에 모여 예배한다. 그 번쩍이는 짐승 앞에 서서 이렇게 말한다. "이스라엘아, 이는 너희를 애굽 땅에서 인도하여 낸 너희의 신이로다"(32:4).

아론은 전문가의 눈으로 이 모든 광경을 지켜보며 생각한다. 그래, 이게 제대로 된 신인 것 같군. 사람들 마음의 틈새를 메워 주잖아. 저들도 참 웃기네. 이집트에서 끌어낼 수는 있지만, 저들 안에서 이집트를 몰아낼 수는 없다니 말이야.

그러나 눈앞의 광경을 지켜보며 빙그레 웃던 아론에게 고통스러운 생각이 덮친다. 내가 상황을 오판한 것이면 어떡하지? 이러다 모세가 돌아오면? 만약 야훼가 진짜라면 말이야!

걱정에 빠진 아론은 해결책을 마련한다. 제단을 하나 쌓으라고 명령하고 사람들에게 예배를 드리자고 말한다. 내일 하나님께 예배를 드립시다. 금송아지를 섬기던 지금까지의 예배는 잊으세요. 내일 정오에 시간을 내어 신성한 헌신의 절기를 지킵시다. 야훼 하나님께 헌신을 다짐하는 축제를 벌입시다.

그렇게 해서 야훼께 바치는 제단이 세워졌다. 제단 뒤편에는 풍요의 신, 되새김질을 하는 동물의 상이 서 있다. 두 가지 품목, 두 가지 신. 고민에 빠진 아론은 야훼께 바칠 제단을 원하지만, 누구도 금송아지 위에 방수포를 씌우는 수고조차 하지 않는다.

이제 이 장면을 정지시켜 보라. 인간이 가진 딜레마의 너무나 많은 부분이 여기, 이 두 제단 사이에서 드러난다. 우리는 야훼께 바치는 제단과 그 뒤쪽에서 빛나는 금송아지 사이에 끼어 있다. 마르틴 루터는 무엇이든 우리 마음이 집착하는 것이 우리의 신이라고 말했다.[1]

그러나 그 마음에 문제가 있다. 무엇이든 우리 마음이 집착하는 것이 우리의 신이지만, 우리 마음은 분열되어 있다. 우리는 마음이 나뉜 사람들이다. 우리는 크레이그와 같다. 두 신을 사랑한다. 두 신을 다 사랑한다. 출애굽 서사의 저자는 제 발로 덫에 들어가는 일이 얼마나 어리석은지 우리가 보기를 원한다. 은혜에서 멀어지는 것이 잘못된 일일 뿐 아니라 어리석은 간음이라는 것을 알아보기를 원한다.

왜 그런가? 우리는 **하나님의** 백성이기 때문이다. 하나님이 우리를 만드셨고 구원하셨고 용서하셨다. 우리는 하나님에게 속한 사람들이고, 우리가 하나님의 것이라는 서약을 맺었다. 우리는 하나님을 떠날 수 없다! 하나님은 우리의 닻이시다. 우리의 반석이시다.

하지만 우리 마음의 다른 방들에는 옛 사랑들—또는 신앙의 중년기에 이른 우리의 나날을 밝혀 줄지 모르는 새로운 사랑—을 위한 침대가 있다. 우리는 적당히 주무를 수 있는 신을 원한다. 어디든 데려갈 수 있는 새로운 신들 중 하나면 괜찮을 것이다. 우리의 꿈이라는 신, 과거 좋았던 시절이라는 신도 있다. 칼 바르트의 표현을 빌리면, 우리가 원하는 신은 우리의 상상력과 예술에 의지하는 신, 우리의 부와 기억의 창고에서 나온 신,[2] 어중간한 중간기를 담당할 신, 하나님의 침묵을 대신할 신, 우리 중보자가 부재할 때를 대비한 신이다. 얌전한 신이다.

우리는 창조하고 싶어 한다. 하나님의 피조물이 아니라 하나님을 **창조하는 존재**가 되고 싶어 한다. 이것은 티탄족의 죄, 프로메테우스의 죄, 반역죄이다. 인간이 하나님을 창조하다니! 그런데 우리 뒤편에 그 결과물이 있다. 부어 만든, 웅크리고 앉은 금송아지 말이다. 하나님 대신에 우상을 숭배하는 이 미친 교환은 거대한 죄가 아니라 어리석은 죄이고, 결국 끔찍할 정도로 파괴적인 악으로 드러난다.

놀랍게도, 아론은 이것을 알아보았다. 금송아지가 누구도 구원하지 못할 것임을 알아보았다. 그리고 줄곧 괴로워한다. 아론은 야훼 생각에, 그리고 모세가 한밤의 도적같이 뜻밖의 순간에 돌아올지 모른다는 생각에 시달린다.

그래서 그는 자신에게 남아 있는 다른 일을 한다. 분산 투자로 위험을 막는 것이다. 분할 투표식 작전이다. 아론은 야훼 하나님께 바치는 제단을 세운다. 앞쪽에는 하나님의 제단이 있고 저기 뒤쪽에는 금송아지가 있다. 금송아지는 모세가 돌아오지 않을 경우에 대비한 신이다. 앞쪽의 야훼께 바치는 제단은 중보자가 돌아오는 경우를 대비한 조치다.

만약의 경우를 위한 신. 여러 선택지를 열어 놓을 수 없다고 누가 말하는가? 다 가질 수 없다고 누가 말하는가?

이 본문 전체, 성경 전체, 교회 역사 속 모든 믿음의 대변자들이 이 질문에 소리쳐 답한다. 만약의 경우에 대비하여 챙기는 하나님이 왜 안 되느냐고? 왜냐하면 그것은 배신 행위이기 때문이다.

잘못이기 때문이다. 우리는 우리를 구원하신 분께 충성해야 하기 때문이다. 야훼와 우상 모두 질투하는 신이기 때문이다. 둘 다 우리가 가진 모든 것과 우리의 전 존재를 원하는, 소멸하는 불이다.

당신의 우상을 생각해 보라. 우상은 결코 만족을 모른다. 인생의 중심이 주식 투자 포트폴리오라면, 그 포트폴리오는 다양성이나 규모 면에서 늘 미진할 것이다. 시장이 완전히 주저앉으면 인생이 끝났다는 생각이 들 것이다. 인생의 최종 영광을 자녀를 통해 찾으려 한다면, 자녀가 아무리 똑똑하고 운동을 잘하고 큰 성취를 이루어도 충분하게 느껴지지 않을 것이다. 기분이 좋아지게 해 주는 종교를 원한다면, 자기 종교가 흥청망청 놀자판이 되기 전까지는 충분히 좋게 느껴지지 않을 것이고, 설령 놀자판이 된다 해도 역시 충분하지 않을 것이다.

언약의 하나님도 마찬가지다. 그분은 우리가 나쁜 길에 빠질 때 마음이 상하시고, 이집트의 육체를 갈구하는 우리의 마음 속 열망에 상처를 받으신다. **우리가 우상에게 나아가면, 하나님은 친밀한 부부 사이에 제3자가 끼어든 것처럼 느끼신다!**

"아론이 그들의 손에서 금 고리를 받아 부어서 조각칼로 새겨 송아지 형상을 만드니……아론이……그 앞에 제단을 쌓고 이에 아론이 공포하여 이르되 내일은 여호와의 절일이니라 하니" (32:4-5).

'내일'은 모세가 돌아오는 날이다. 모세는 산에서 내려온다.

파티의 노랫소리를 듣고 금송아지 주위에서 벌어지는 난장판을 본다. 그는 돌판을 부수고 형 아론을 대면한다. 가엾은 아론은 우물쭈물 적당히 빠져나가려고 한다. 모세가 따지고 든다. 어떻게? 어떻게 이러실 수가 있습니까, 제게, 하나님께, 우리 백성에게!

아론은 열심히 몸부림을 친다. 그가 모세에게 말한다. 들어봐, 보기 안 좋은 상황인 줄은 알겠지만, 나는 큰 압박을 받았어. 백성이 이런 것을 달라고 요구하는데, 내가 어쩌겠니? 백성이 사겠다는 걸 팔아야지! 그래서 백성의 귀고리를 모두 거두어 제련용 솥에 던져 넣었더니 거기서 이 금송아지가 나왔어. 내가 얼마나 놀랐을지 상상해 보라고. 나는 어떻게 된 일인지 설명할 수도 없고, 이 상황을 정당화할 수도 없어. 그냥 이 일이 일어났어. 이런 일이 일어날 줄은 생각도 못했다고.

모세가 돌아오지 않을 경우에 대비하여 믿는 하나님. 그러나 여기 모세가 있다. 중보자가 돌아왔다. 그 사람 때문에, 모세 때문에, 그가 백성의 죄를 위해 기꺼이 목숨을 걸었기 때문에, 마지막에 은혜와 회복이 주어졌다. 이스라엘의 이야기는 또 하루, 또 다른 장으로 이어질 것이다.

이 이야기 전체의 핵심은 두 신을 예배하면 결국 예배자가 망가진다는 것이다. 이 이야기 속의 하나님은 결국 반역자들뿐만 아니라 바보들도 기꺼이 참아 주신다. 그러나 많은 바보가 죽어야 했고 중보자 모세는 죽음을 각오해야 했다.

언약의 하나님은 위험하고 질투하시는 하나님으로 드러난다. 언약의 하나님은 이스라엘을 돌려받기 원하신다. 하나님은 용서하시지만 그 대가는 어마어마하다. 하나님은 조롱을 받으시는 분이 아니다.

어느 중보자에게든 물어보라.

선하신 하나님, 온 마음으로 주님을 사랑하고
주님의 라이벌에게는 마음을 닫도록 우리를 움직이소서.
우리가 이 사랑 안에 머물게 하시고 이 사랑을 강하게 하소서.
예수님 이름으로 기도합니다, 아멘.

높이 들린
그리스도

요 3:1-17

모세가 광야에서 뱀을 든 것 같이 인자도 들려야 하리니 이는 그를 믿는 자마다 영생을 얻게 하려 하심이니라(요 3:14-15).

과학을 어느 정도 공부한 사람은 우리가 정글 한복판에서 산다는 것을 안다. 아주 작은 적들이 우리 주위에 우글거린다. 세균과 바이러스와 곰팡이가 공기 중에 가득하다. 그것들은 식탁부터 거실 소파에 이르기까지 모든 표면에 모여 있고 언제나 공격을 시도한다.

다행히, 그것들이 우리에게 도달하기는 어렵다. 그것들에게 우리의 피부는 강력한 장벽이다. 우리의 땀과 침과 눈물과 위산은 모두 자연 살충제다. 그러나 이 작은 벌레들은 집요하고, 상당수가 우리의 방어막을 통과한다. 그야말로 뚫고 들어오는 것이다. 그것들이 일단 혈류와 피부 안으로 들어오면 맹렬한 속도로 증식하면서 우리 세포들을 공격하기 시작한다.

그러나 바로 그때 침입자들은 응징을 당한다. 하나님의 가장 대단한 창조물 중 하나인 인간 면역 체계와 딱 마주치는 것이다. 우리 몸 안에는 수십 개의 놀라운 단백질의 제어를 받는 조 단위의 특화된 세포들이 있다. 이 세포들이 침입자들과 전면전을 펼친다. 격렬한 생물전(生物戰)이다. 우리의 청소 세포들은 눈앞의 적을 잡아먹으려 든다. 대식세포들이 T-세포(킬러 세포—옮긴이)와 결합하여 T-세포를 증식시키고 킬러 세포 군대를 이루게 한다. 대식세포는 T-세포로 하여금 B-세포(항체를 내는 세포—옮긴이) 군대도 만들어 내게 하는데, 이것들은 사실상 항체 공장이다. 이 두 연합 군대가 적을 에워싸고 꼼짝 못하도록 단단히 묶어서 끝장낸다.

이 내용은 전부 내가 어느 기사에서 읽은 것이다.

전쟁이 어느 정도 끝난 후, B 군대와 T 군대는 마지막으로 결정적인 임무를 수행한다. 청소를 하면서 기억 세포를 형성하는 것이다. 이 기억 세포들은 동일한 침입자가 다시 공격해 올 때 즉시 행동에 나설 수 있는 상태로 이후 수년 동안 혈류 안에서 순환한다. 이 기억 세포는 물론 **백신**의 열쇠다.

20세기 의학의 커다란 성취 중 하나는 세균과 바이러스를 대량 생산한 후 약화시키거나 죽이는 공정을 거쳐 백신으로 만들어 인체에 주입하게 된 것이었다. 이렇게 만든 세균이나 바이러스가 몸에 들어오면 통상의 생물전이 아주 약한 형태로 일어나고, 그 결과로 킬러 기억 세포가 대량 생산된다. 그러면 이제 어떤 일이 일어날까? 맞다! 사람이 티푸스나 황열이나 소아마비나 홍역에 면역력을 갖게 된다. 질병이 질병에 맞설 백신으로 변하는 것이다!

이것은 현대 과학이 하나님의 섭리를 잘 드러내는 사례다. 여기에는 통제된 악이 악을 예방할 수 있다는 생각이 들어 있는데, 이런 생각은 면역학 분야 바깥에서도 종종 나타난다. 예를 들어 정부는 범죄자를 체포할 때 지하세계의 도움을 받고자 하는 경우가 있다. 도둑 잡는 데 도둑을 이용하는 원리다. 물론 회의론자들은 정부가 자체 직원만으로도 이런 임무를 쉽사리 처리할 수 있다고 말한다. 그래도 이 원리는 분명하다. 작은 악으로 큰 악을 예방할 수 있다는 것이다. 맹렬한 산불이 더 퍼져 나가지 못하게 막으려고 자원봉사자 무리가 하는 일에서도 같은 원리를 볼 수 있다. 그들은 산불 주위와 그 너머로 참호를 판 뒤 산불이 난 방향으로 맞불을 놓는다. 불을 이용해 불과 싸우는 것이다.

독은 독으로 다스린다. 성경을 통틀어 예수 그리스도를 나타내는 가장 이상한 이미지 중 하나에서도 이 원리가 작동한다. 그 이미지는 민수기 21장의 한 사건을 배경으로 하고 있다. 거기서 이스라엘 자손은 불만스러운 야영객이다. 그들은 광야가 내키지 않는다. 점점 더 많은 인원이 민원 창구에 줄을 서서 빵과 물 부족을 호소하고 만나의 새로운 조리법을 요구한다.

하나님은 사람들을 물고 기겁하게 만드는 독사의 재앙으로 이 상황에 대응하신다. 이스라엘 자손이 하나님께 부르짖자 그분은 해독제를 건네신다. 하나님의 놀라운 은혜로 주어진, 뱀에 물린 상처의 치료제는 또 다른 뱀이다! 놋뱀이 깃대에 꽂혀 들어 올려졌고, 주님은 "[뱀에게] 물린 자마다 그것을 보면 살리라"(민 21:8) 말씀하셨다. 이 이상한 광야판 하나님의 섭리에서는 **생명을 위협하는 바로 그것이 생명을 살린다.** 최고의 해독제가 알고 보니 독 자체다.

그리고 이제 요한복음 3장에서는 민수기 21장의 높이 들린 뱀이 십자가에 못 박힌 주님의 이미지가 된다. "모세가 광야에서 뱀을 든 것 같이 인자도 들려야 하리니 이는 그를 믿는 자마다 영생을 얻게 하려 하심이니라"(요 3:14-15).

요한복음에서 십자가에 달려 들리신 예수님은 이상하게도 약간 높아지신다. 말하자면 그것은 승천의 첫 1.2미터다. 그리스도께서는 십자가 위에서 **높아지신다.** 고문 도구 위에서 영광을 받으신다. 참으로 이상하다! 전기의자에 앉아 즉위하는 것이 이와 같을까? 총살형 집행부대의 축포를 받는 것이 이와 같을까? 예수 그리스도는 살아 있는 허수아비처럼 언덕 꼭대기에 세워지신다. 그리고 복음서는 그 모습에서 수치와 영광을 동시에 발견한다.

그 찬양처럼 말이다. "때로 그 일로 나는 떨려"(찬송가 「거기 너 있었는가」 가사의 한 구절—옮긴이).

기독교는 신의 죽음과 낮아짐을 중심으로 하는 유일한 종교다. 그리고 기독교는 그것을 즐거워한다! 그것을 기뻐한다! 얼마나 기이한가? 누구도 우리에게 마틴 루터 킹 2세의 암살을 즐거워하라고 말하지 않는다. 누구도 케네디 대통령이 살해당한 것을 기뻐해야 한다고 말하지 않는다. 그런데 왜 그리스도의 십자가는 즐거워한단 말인가? 십자가에 높이 들린 그리스도가 왜 자석 역할을 하는가? 고문당한 그리스도가 어떻게 요한복음 12장의 말처럼 모든 사람을 그에게로 이끌 수 있단 말인가?

그것은 한때 교수형 현장으로 군중이 몰리게 만들었던 병적인 호기심에 불과할까? 아니면 누군가가 죽는 모습을 지켜볼 때 사람들이 갖게 되는 무언의 느낌일까? 다른 사람이 죽어 가는 자동차 사고 현장에서 구경꾼들이 경험하는, 휴가지 볼거리라도 만난 듯한 느낌 말이다.

"모세가 광야에서 뱀을 든 것 같이 인자도 들려야 하리니 이는 그를 믿는 자마다 영생을 얻게 하려 하심이니라."

죽어 가는 예수 그리스도께서 십자가에 높이 들려 몸부림치신다. 그리고 거기 계신 그분을 붙드는 신뢰가 어떤 과정을 거쳐 백신이 된다. 우리는 그분에게 달라붙고 매달림으로써 그분의 죽음을 충분히 접종받고 이로 인해 모종의 백신이 만들어진다. 백신을 형성하는 킬러 기억 세포들은 여러 해 동안 혈류를 순환한다. 이 세포들은 영적 실패나 죽음이 우리를 위협할 때 곧장 공격에 나설 준비가 되어 있다.

그러나 이런 일이 어떻게 효과를 발휘한단 말인가? 고문당하신 그리스도가 어떻게 인간의 신뢰를 끌어당기는 자석이 된단 말인가? 프레드릭 비크너(Frederick Buechner)의 질문처럼, 그분을 우리 신앙의 자연스러운 대상으로라도 **알아보는** 이가 있기는 할까? 그분은 고운 모양도 풍채도 없는 분이다. 결국 입술이 갈라지고 눈이 멍든 그저 그런 랍비일 뿐이었다. 숱한 세대가 갈망했던 이 그리스도는 너무나 처참하게 얻어맞고 멸시를 받으며 처형당했다. 그래서 그의 마지막 모습은 왕보다는 무슨 농담거리처럼 보인다. 짓이겨진 그분의 머리 위에 세 가지 언어로 적어서 붙인 "유대인의 왕"이라는 말은 누가 봐도 농담이 분명한 문구다.[1]

하지만 그리스도께 우리를 붙들어 매고 그분을 붙잡음으로써, 우리는 면역력을 갖게 되고 구원을 받는다. 독을 품은 그분의 죽음이 우리를 위한 해독제가 된다.

그런데 이 과정이 어떻게 작용하는가? 무엇이 우리를 죽어 가는 구주께로 끌어당기는가? 십자가에는 사랑스러운 요소가 전혀 없다. 우리는 때로 십자가를 벽 장식품 또는 의류용 액세서리로 활용하지만, 로마인들은 적들에게 공포감을 심어 줄 고문 도구로 십자가를 사용했다. 십자가 위에 침착함 같은 것은 없다. 거기엔 온통 비명과 몸부림뿐이다. 십자가는 신성모독과 불경의 자리요, 고통을 견디는 일보다 **구경하는** 일에서 더 큰 재미를 느끼는 이들을 끌어당기는 자석이다.

이런 십자가가 어떻게 누군가를 구원한단 말인가? 로마인들은 집 없는 사람을 붙잡았다. 그를 조롱하고 채찍질하고 못 박았다. 그의 머리 위에는 반유대적 농담을 의도한 푯말이 달려 있다. "예수 그리스도, 유대인의 왕." 다시 말해 그는 유대인-왕이다. 그리고 곧 죽은 왕이 될 것이다.

여기에 생명을 주는 능력이 어디 있는가? 위르겐 몰트만이 말한 것처럼, 이 사람은 "제단 위의 두 촛불 사이가 아니라 해골이라는 이름의 땅에서, 두 강도 사이에서" 십자가에 못 박혔다.[2] 죄인들의 친구 예수는 그와 비슷한 사람들 사이에서 십자가에 못 박혔다. 죄인들을 흔히 볼 수 있을 것 같은 곳, 하나님께 버림받은 장소에서 말이다.

이런 조건이 어떻게 사람을 끌어당길까? 여기 어디에 자석이 있을까? 이 쓸쓸한 광야의 사건이 어떻게 그 피해자에게로 모든 사람을 이끌고 그와 그의 끔찍한 고통을 단단히 신뢰하게 만들 수 있을까?

C. S. 루이스가 '심오한 마법'이라 부른 것에 의해서다. 『사자

와 마녀와 옷장』에서 루이스는 태초부터 있었던 심오한 마법에 대해 들려준다.[3] 우주의 샘과 뿌리 아래에는 죽음이 죽음을 무장 해제하고 뱀이신 그리스도께서 악한 독사의 머리를 짓밟으셔야 한다는 신비로운 적합성이 존재한다. 이 모든 고통과 짓밟음 안에 있는 영광은 사랑에서 나온 것이다. 그 사랑이 너무나 맹렬하여 예수 그리스도께서는 조롱받고 몸이 상하고 나무에 달리시는 일을 친히 감수하신다. 세상의 죄를 위해 고통을 당하신다.

그래서 이 심오한 마법이 효과는 발휘하게 된다. 물론 십자가는 많은 상스러운 사람들을 끌어들인다. 하나님의 죽음을 많은 관객이 즐기는 스포츠로 여기는 자들이다. 죽어 가는 그리스도가 그들의 죄를 위해 고난을 당하고 있다는 생각은 100년이 지나도 하지 못할 사람들이다. 그러나 이후 오랜 세월 동안, 죽어 가는 주님을 바라보고 자석처럼 그분에게 끌린 이들도 있었다. 그들은 하나님의 아들이 일하시는 모습, 인간의 악을 짊어지기 위해 극한의 고통을 당하시고 땀 흘리시고 안간힘을 쓰시는 모습을 보았다. 그들은 누구든 그분을 보는 이들이 살게 하기 위해 하나님의 아들이 자기를 비우고 뱀의 모습을 취하시는 것을 보았다.

우리는 그분의 이런 모습에 이상하게도 마음이 끌린다. 십자가가 자석처럼 우리를 끌어당기는 이유는 우리가 당하는 악을 설명해서가 아니다. 죽어 가는 주님을 숙고함으로써 어린아이들의 죽음, 중년을 할퀴는 암, 전 세계에서 테러리스트들이 일으킨 고통을 마침내 이해할 수 있어서가 아니다. 아니다, 십자가는 그런 일들을 거의 설명해 주지 않는다.

우리가 눈을 들어 도움의 원천인 십자가를 바라보는 것은 하나님이 우리의 운명에 함께 하시는 분이고 따라서 그분을 **신뢰**할 수 있음을 확인하기 위해서다. 우리는 하나님을 이해하지 못한다. 하나님이 우리를 대하시는 어떤 방식은 싫어한다. 하나님이 우리에게 합당하다고 여기시는 어떤 것에 깜짝 놀라기도 한다. 그러나 한 가지는 분명히 이해한다. 하나님은 냉담한 분이 아니라는 것이다. 하나님은 우리와 함께 고난을 당하시고, 그분의 고통은 우주의 가장 심오한 마법 가운데 우리의 믿음을 통해 혈류 속에 영원히 머무르는 항독소로 변한다.

"모세가 광야에서 뱀을 든 것 같이 인자도 들려야 하리니 이는 그를 믿는 자마다 영생을 얻게 하려 하심이니라."

이 모든 내용이 참으로 놀랍지 않은가? 우리의 믿음이 우리의 백신이다! 누가 이런 것을 생각이나 했겠는가? 하나님이 이런 식으로 구원하실 거라고 꿈이라도 꿨겠는가?

주 예수 그리스도여, 주님은 죄인들의 친구십니다.
바로 저와 같은 사람들의 친구시라는 뜻이지요.
놀라운 은혜라고 말할 수밖에요.
예수님의 이름으로 기도합니다, 아멘.

받는 쪽[1]

눅 18:9-17

사람들이 예수께서 만져 주심을 바라고 자기 어린 아기를 데리고 오매 제자들이 보고 꾸짖거늘 예수께서 그 어린아이들을 불러 가까이 하시고 이르시되 "어린아이들이 내게 오는 것을 용납하고 금하지 말라. 하나님의 나라가 이런 자의 것이니라. 내가 진실로 너희에게 이르노니 누구든지 하나님의 나라를 어린아이와 같이 받아들이지 않는 자는 결단코 거기 들어가지 못하리라" 하시니라(눅 18:15-17).

프레드릭 비크너는 어디에선가 이렇게 썼다. "주는 것이 받는 **것보다 복이 있을** 뿐 아니라 훨씬 쉽다."

이해할 수 있는 말이다. 주는 것이 더 쉽다. 줄 때 우리는 힘

116

있는 자리에 있기 때문이다. 하나님이 각 사람 안에 열어 주신 인적 자원 센터에서 일하는 것과 같다고 할까. 누군가에게 격려의 말을 건네고 나면 자신이 거룩한 땅에 있었음을 느끼게 된다. 여동생이나 언니 또는 누나를 곤경에서 구해 주고, 그의 눈빛에서 그것이 얼마나 의미 있는 일인지 알게 된다. 우리의 눈물까지도 고통 받는 사람에게는 복이 될 수 있다. 그들의 고통이 **우리**도 괴롭게 할 만큼 그들이 우리에게 중요하다는 것을 알려 주기 때문이다.

하나님은 우리 인간들에게 인격체로서 여러 능력을 맡기시는 일을 합당하다고 여기셨다. 그래서 우리는 다른 이들에게 가치를 부여할 수 있고, 얼마나 많은 가치를 언제 누구에게 부여할지 결정할 자유를 갖는다.

물론 우리는 이 부분에서 늘 잘못된 결정을 내린다. 관심이 필요 없는 사람에게 관심을 집중하고 정작 관심이 필요한 사람들은 무시한다. 이미 배부른 사람들에겐 많은 것을 주면서 배고픈 사람들에게는 인색하게 군다. 칭찬의 말 한마디가 아쉬운 사람에게 칭찬을 아끼는 식이다. 누군가에게 뭔가를 주려고 하는데 그 과정에서 상대를 깔보는 태도를 보이는 바람에, 받는 사람 쪽에서 차라리 우리가 그들을 모른 척하기를 바라게 되기도 한다.

다들 알다시피, 누군가의 생일 선물을 고를 때 우리는 받는 사람을 기쁘게 해주는 선물이 아니라 그에게 뭔가 의사표현을 하기 위한 선물을 택하곤 한다. 우리는 상대가 **마땅히** 좋아해야 한다고 생각하는 책을 선물로 건넨다. 상대가 지지하지 않을 단체나 운동에 그의 이름으로 기부를 한다. 스크래블 단어 게임 상대에게 스크래블 사전을 건넨다. 향후 게임에서 **자신이** 제시하는 단어들이 유효한 것이 되도록 수를 쓰는 것이다. 일종의 생일 줄다리기라고 할까.

우리는 딴 속셈을 가지고 선물을 건네기도 하고, 잘못된 태도나 방식 때문에 뭔가를 주면서도 좋은 반응을 얻지 못하기도 한다. 그래도 뭔가 줄 것이 **있다**는 것은 하나님과 비슷해지는 것이다.

그런데 줄 것이 아무것도 없다면 어떨까? 늘 받는 쪽이어야 한다면 어떨까? 수동적인 느낌이 들 것이다. 의존하는 느낌을 받을 것이다. 거래의 균형이 완전히 망가졌다는 생각이 들 것이다. 많은 사람들이 이런 상황을 염려한다. 내가 너무 아파서 모르는 사람들이 나를 씻겨 줘야 하면 어떡하지? 몸이 마비되면 어떡하지? 끔찍한 잘못을 저질러서 도움 없이는 떨치고 일어나 내가 자초한 파국을 직면할 수도 없게 되면 어떡하지?

가끔 뉴스를 통해 접하는 전쟁 난민의 현실은 끔찍하다. 다른 사람들에게 전적으로 의존해야 하고 자녀들 앞에서 그런 상황을 겪는 굴욕을 감수해야 한다. 어디든 굴욕의 현장이 될 수 있다. 부모가 그들이 살던 집에서 쫓겨나는 것을 아이들이 본다. 무장한 사람이 어머니를 강제로 떠밀고 등을 차고 밀치는 것을 볼 수도 있다. 아이가 그런 광경을 보는 것은 끔찍한 일이다. 그리고 난민촌으로 힘겹게 걸어가야 한다. 난민촌에 도착해 보면 보통 먼저 온 난민들로 꽉꽉 들어 차 있는 상태다. 이런 곳에서는 모두가 목말라 잔뜩 지쳐 있고, 모두에게서 악취가 난다. 부모들은 자녀들에게조차 줄 것이 아무것도 없는 수모를 감내해야 한다. 아이들은 필요한 것을 공급하던 부모가 자기들과 똑같이 줄을 서서 도움을 기다리는 모습을 지켜봐야 한다.

의존 상태는 굴욕으로 느껴질 수 있다. 스콧 호지(Scott Hoezee)는 우리가 아는 모든 형태의 의존에는 낙인이 찍혀 있다고 지적한다.[2] 부분적이든 전적으로든 누가 복지 지원에 의존하고 싶겠는가? 누가 약물에 의존하고 싶겠는가? 교회 집사들의 구제에 의존하는 상황을 좋아할 그리스도인이 얼마나 되겠는가? 의존 선언문을 발표하고 그것이 애국자들의 피를 끓게 하기를 바랄 나라가 있겠는가?

주는 것이 받는 것보다 복이 있다는 사실을 우리는 아주 잘 이해하고 있다. 주는 것이 더 쉽다는 것도 안다. 주는 자는 힘이 있다. 주는 자에겐 선택지가 있다. 주는 자는 은혜를 베풀 수도, 베풀지 않을 수도 있다. 거의 하나님과 비슷하다.

그래서 우리는 예수님이 아이들에게 깊은 인상을 받으시는 것에 놀란다. 누가복음 18장에서 예수님은 아기들을 축복하시고 제자들에게 이렇게 말씀하신다. 여길 보아라. 너희는 이들과 같아야 한다. 하나님 나라는 이와 같은 사람들의 것이다. 하나님 나라를 이들처럼 받아들이지 않으면 결코 "그 나라에 들어가지" 못할 것이다.

아이와 같이. 물론 설교자들은 수 세기에 걸쳐 이 말씀을 감상적으로 해석했다. 이 대목을 다룬 설교에는 아이들의 온갖 덕목이 등장하는데, 그중에는 현실과 거리가 먼 덕목들도 있다. 그러나 예수님은 아이들을 감상적으로 대하지 않으셨다. 누가복음 18장에서 예수님은 아이들이 얼마나 귀여운지에 대해 말씀하시지 않는다. 아이들이 특별하다는 언급도 없다. 아이들이 가진 신뢰 어린 눈빛에 대해서도 아무 말씀이 없다. 이 모든 특성이 사실일 수도 있지만, 예수님의 관심은 다른 데 있다. 예수 그리스도께서 한 아기를 축복하실 때―누가는 이 대목에서 '아기'에 해당하는 단어를 사용한다―주목하신 것은 '필요한 것투성이'라는 아기의 특성이었다. 아기는 보살펴 줘야 할 존재다. 그래서 1세기 팔레스타인에서 그들의 지위는 아주 낮았다.

아기들은 바로 앞 9-14절의 바리새인과 세리 비유에 나오는 세리와 같다. 누가복음에서 예수님은 하나님이 거만한 바리새인을 낮추시고 비천한 세리를 높이시는 비유를 들려주신다. 그러고 나서 예수님은 이렇게 말씀하시는 것 같다. "비천한 사람들 얘기가 나왔으니, 이 아기들을 한번 보아라."

예수님은 1세기 사람들에게 말씀하고 계셨다. 당시에는 원하는 모습으로 아이를 낳는 기술이 없었다. 누구도 아이 중심의 가정을 원하지 않았다. 아이가 생긴다는 것은 먹여야 할 입이 늘어난다는 의미였고, 염소 젖을 짜거나 포도나무 가지치기를 할 만큼 아이가 자라려면 몇 년을 먹여야 한다는 게 문제였다.

예수님은 아기를 통해 사회의 밑바닥에 있는 사람을 보신다. 조엘 그린(Joel Green)에 따르면, 1세기의 아이들이 비천했던 것은 내놓을 것이 없었기 때문이다.[3] 그들은 어떤 것도 생산하지 못했다. 마을 생활에 전혀 기여하지 않았다. 아기들은 헛간을 짓거나 우물을 파지 못한다. 그저 하루 종일 누워 있을 뿐, 생산하는 거라곤 쓰레기밖에 없다.

아기들이 아주 잘하는 것이 딱 하나 있다. 그들이 우리들보다 더 잘하는 한 가지. 그들이 우리 모두에게 가르칠 수 있는 한 가지 교훈이 있다. 예수 그리스도께서 아기들을 거론하신 이유는 그들이 **멋지게 잘 받는 존재**이기 때문이다. 그들은 생산하는 게 별로 없지만, 받는 데는 정말 뛰어나다! 젖꼭지나 손가락 끝이나 다른 무엇으로든 입가를 건드리면, 아기는 입을 벌리고 소용돌이처럼 빨아들이려 한다. 건강한 아기는 음식에서 영양분을 섭취하고 사랑으로 주어지는 음식을 잘 받는다. 이것은 좋은 일이다. 이런 선물이 없으면 아기는 살 수 없기 때문이다.

예수님은 자신의 말이 진실이라고 말씀하신다. 진실을 말한다고. 아이와 같이 하나님 나라를 받아들여야 한다고 말씀하신다. 그분이 제자들에게 하신 이 말씀은 이 영역에서 큰 문제가 있는 우리 모두에게 하시는 말씀이기도 하다. 우리는 잘 받을 줄 모른다. 신학자 한스 우르스 폰 발타사르(Hans Urs von Balthasar)는 이 문제에 대해 쓴 바 있다. 누군가 우리에게 선물을 주면 우리는 그 사람을 나무란다. "아이, 이러시면 안 되는데." 무슨 일로든 잘했다고 칭찬을 받으면 우리는 이렇게 반응한다. "아, 오늘 엉망으로 했어요." 우리는 칭찬의 선물을 **거부**한다. 그리고 주는 사람을 무지한 사람으로 만든다. 사실상 그들에게 이렇게 말하는 것이다. "내가 뭘 잘한다고 칭찬하시는데, 본인이 무슨 말을 하는지 모르시는군요."

우리는 잘 받지 못한다.

한때 우리는 미식축구에서 뛰는 와이드 리시버(쿼터백의 패스를 받고 전진해서 터치다운까지 이끌어 내는 공격 선수—옮긴이) 같았다. 알다시피 팔 힘이 좋은 쿼터백이 와이드 리시버 중 한 사람에게 힘차게 공을 패스할 때 리시버가 멈춰서 이렇게 말하는 일이 있을 수 있을까? "잠깐만! 이거 뭐하자는 거야? 나한테 공을 던지는 진짜 이유가 뭐야? 이번 쿼터 내내 공에 손도 대지 못했는데, 지금 내가 공을 받는 이유가 뭐지?"

이런 일은 절대 일어나지 않는다. 패스를 받아 성공시키는 것이 좋은 와이드 리시버의 존재 이유이기 때문이다. 그는 할 수 있는 한 모든 패스를 받을 것이다.

"내가 진실로 너희에게 이르노니 누구든지 하나님의 나라를 어린아이와 같이 받아들이지 않는 자는 결단코 거기 들어가지 못하리라"(눅 18:17).

이 말씀을 곰곰이 생각해 보라. 우리가 어린아이였을 때, 세상은 우리가 있기 오래전부터 존재하고 있었다. 우리는 세상을 물려받는다. 세상을 발명하는 것이 아니라 발견한다. 우리는 오토바이 경주와 헛간의 댄스 파티가 이미 존재하는 세상으로 들어온 것이다. 이 세상엔 랜즈 엔드와 L. L. 빈 같은 브랜드가 이미 존재했다. 중동에서처럼 많은 전쟁과 평화가 있었고 전쟁이 누구 탓인지에 대한 의견이 분분했다. 사랑과 결혼처럼 좋은 것들도 이미 존재하고 있었다. 우리가 태어나기 전부터 가족 안에 여러 조건들이 정해져 있었기 때문에, 우리는 태어나거나 입양된 순간부터 그 조건들을 그냥 받아들이고 거기에 의지하여 살았다.

하나님의 나라도 이와 같다. 하나님 나라는 땅의 기초가 놓이기 전부터 존재했다. 우리는 하나님 나라를 창조하는 게 아니라 물려받는다. 하나님 나라는 우리 앞에 있고 뒤에도 있다. 우리 위에 있고 아래에도 있다. 우리가 우주 바깥으로 나갈 수 없듯, 하나님의 사랑의 능력이 미치는 범위 바깥으로 나갈 수 없다. 세례는 이 사실을 아주 생생하게 드러낸다. 세례는 하나님의 은혜가 구원 역사의 아주 오래된 사건들을 거쳐 우리에게 임한다고 말한다. 옛날 옛적, 하나님이 강한 팔을 펴심으로 이스라엘이 첫 번째 출애굽을 시도했고 홍해를 거쳐 반대쪽에 이르렀다. 옛날 옛적, 예수 그리스도께서 죽음을 거쳐 요셉의 무덤 밖으로 나오셨다. 두 번째 출애굽에 해당하는 이 사건으로 기독교회 운동이 시작되었다. 옛날 옛적, 성령께서 제자들 위에 임하셨고, 기독교회는 여러 민족이 모인 것처럼 다양한 언어로 말하기 시작했다.

신자의 자녀들은 이런 사건들에 둘러싸인 채 태어나거나 입양된다. 그들은 출애굽의 아이들이다. 부활의 아이들이다. 하나님 나라의 아이들이다.

"내가 진실로 너희에게 이르노니 누구든지 하나님의 나라를 어린아이와 같이 받아들이지 않는 자는 결단코 거기 들어가지 못하리라."

물론 마음 한 구석에서 우리는 하나님 나라를 받으려면 그 나라의 왕을 받아들여야 한다는 것을 안다. 우리는 예수 그리스도를 영접해야 한다.

여기엔 내가 가진 지혜로는 감당할 수 없는 많은 의미가 담겨 있지만, 한 가지는 말하고 싶다. 많은 그리스도인들이 세리의 기도를 본받아 소위 '예수 기도'로 하루를 시작한다. 혼자만의 시간을 확보하고 손을 펴고 마음을 연다. 늠름한 능력자, 소심한 저성과 자, 남자, 여자, 나이가 많은 자, 어린 자, 이런 것으로 자신을 규정하지 말라. 그 어느 것도 중요하지 않다. 중요한 것은 우리가 하나님의 자녀이고 필요한 것투성이라는 사실이다. 그리고 우리는 예수 기도를 활용하여 이 사실을 인정한다.

"오 주 예수 그리스도시여."

"오 주 예수 그리스도, 하나님의 아들이시여, 나를 불쌍히 여기소서."

"오 주 예수 그리스도, 하나님의 아들이시여, 나를 불쌍히 여기소서. 나는 죄인입니다."

이것은 세리의 기도이다. 기도하는 사람의 나이와 상관없는 아이의 기도이다. 형편이 좋을 때도 나쁠 때도 다 유효한 기도이다. 사람의 필요와 하나님의 은혜가 만나는 자리에서 드리는 기도이다. "오 주 예수 그리스도, 하나님의 아들이시여, 나를 불쌍히 여기소서. 나는 죄인입니다. 내게 당신의 평화를 주소서." 의롭다 하심을 받고 집에 돌아간 세리가 누린 평화를 내게 주소서. 예수님이 축복하신 어린아이의 평화를 주소서.

"사람들이 예수께서 만져 주심을 바라고 자기 어린 아기를 데리고 오매 제자들이 보고 꾸짖거늘 예수께서 그 어린아이들을 불러 가까이 하시고 이르시되 어린아이들이 내게 오는 것을 용납하

고 금하지 말라. 하나님의 나라가 이런 자의 것이니라. 내가 진실
로 너희에게 이르노니 누구든지 하나님의 나라를 어린아이와 같
이 받아들이지 않는 자는 결단코 거기 들어가지 못하리라 하시니
라."

오 주 예수 그리스도, 하나님의 아들이시여,
나를 불쌍히 여기소서. 나는 죄인입니다.
내게 당신의 평화를 주소서. 아멘.

가인의 표[1]

창 4:1-16

가인이 여호와께 아뢰되 내 죄벌이 지기가 너무 무거우니이다. 주께서 오늘 이 지면에서 나를 쫓아내시온즉 내가 주의 낯을 뵈옵지 못하리니 내가 땅에서 피하며 유리하는 자가 될지라. 무릇 나를 만나는 자마다 나를 죽이겠나이다. 여호와께서 그에게 이르시되 그렇지 아니하다. 가인을 죽이는 자는 벌을 칠 배나 받으리라 하시고 가인에게 표를 주사 그를 만나는 모든 사람에게서 죽임을 면하게 하시니라. 가인이 여호와 앞을 떠나서 에덴 동쪽 놋 땅에 거주하더니(창 4:13-16).

우리는 가인과 아벨 이야기를 들은 적이 있다. 아주 오래되고 인류 역사에 깊이 자리 잡은 범죄 이야기여서 거의 전설의 지위를 얻었다. **진정한** 전설 말이다. 성경의 가인과 아벨 이야기에서 범죄의 내용은 살인이고 범죄 동기는 질투다. 이 이야기에서 눈에 띄는 점은 가인이 동생을 살해하지만 그것으로 상황이 종료되지 않는다는 것이다. 죽은 동생이 도무지 가만히 있지를 않는다! 아벨의 피가 땅에서 계속 울부짖는다. 그 부르짖는 소리가 하늘에까지 닿아 하나님이 들으신다.

가인은 동생 아벨을 살해하고, 죽어 가는 아벨의 신음소리는 끊임없이 이어진다. 형에게 갈퀴로 찔린 그날부터 시작된 무고한 사람의 힘없는 호소다.

그런데 19세기의 일부 낭만주의 작가들은 가인을 영웅으로 바꿔 놓으려 했다. 그들은 가인을 구도자로, 즉 자기를 발견하고 표현하고 자기 목소리를 내야 할 필요를 느낀 사람으로 그렸다. 자신의 품위를 추구한 사람으로 본 것이다. 그러나 하나님께 복종해야만 하는 상황에서 어떻게 품위를 찾을 수 있겠는가? 아벨을 친절하게 대해야 하는데 어떻게 품위를 지킬 수 있겠는가? 가인에게 아벨은 역겨울 만큼 의롭고 너무나 고루했다. 그의 경건한 작은 예물들과 설교는 지루하기 짝이 없었다. 그래서 어느 날 가인은 아벨을 들로 데리고 나가 자존감 높은 모든 반항아가 할 만한 일을 그에게 했다.

자, 이것이 낭만주의가 그려 낸 영웅적 행위다. 그러나 이것은 오만하고 유혈이 낭자한 일이며 성경에 기록된 바와 거리가 아주 멀다. 성경의 기록에서 두드러지는 부분은 가인의 질투―그런데 질투는 영웅적이지 **않은** 감정이다―나 분노에 찬 살해만이 아니라, 가인 안에 있는 일종의 슬픔이다. 죄에는 결과가 따른다는 것을 정말로 깨달은 사람의 슬픔.

창세기 4장을 읽으면서 이것을 포착했는가? 하나님은 가인을 놋 땅으로 추방하시고, 가인은 항의한다. 그는 그곳에 가고 싶지 않다. **하나님**이 거기 계시지 않아서다. 가인은 하나님께 순종하기 싫어하지만, 하나님을 잃어버리고 싶지도 않다. 그는 하나님과 함께 살 수 없지만 하나님 없이 살 수도 없다. 가인은 마음이 나뉜 사람이다. 그래서 항의한다. "내 죄벌이 지기가 너무 무거우니이다. 주께서 오늘 이 지면에서 나를 쫓아내시온즉 내가 주의 낯을 뵈옵지 못하리니"(4:13-14).

"내가 주의 낯을 뵈옵지 못하리니." 나는 이 구절에 항의뿐 아니라 슬픔도 담겨 있다고 생각한다. 이것이 그가 느끼는 감정의 일부다. 나는 제정신이 아니었던 끔찍한 순간에 총을 집어 들어 아버지를 쏘아 죽인 열네 살 소년의 기사를 읽은 적이 있다. 소년이 체포되고 감옥에 갇힌 후 담임목사가 찾아가 보니 소년은 감방에 웅크리고 앉아 있었다. 그는 흐느끼며 거듭거듭 이렇게 말하고 있었다. "아빠가 필요해요! 아빠가 필요해요!"

가인은 놋 땅으로 가고 싶지 않았다. 하나님이 거기 계시지 않아서다. 가인은 하나님의 땅을 떠나 놋 땅으로 들어가면 자신이 갈퀴를 가진 유일한 사람이 아닐 것임을 안다. 살인자 가인이 살인을 두려워한다. 그는 살인을 저질렀지만 이제는 살인이 멈추기를 원한다. 그리고 놀랍게도, 하나님의 생각도 같다. 하나님도 살인이 멈추기를 원하신다.

그래서 주님은 가인에게 표를 주신다. 가인과 마주치는 사람이 그를 죽이지 못하게 하려는 조치다.

살인자들의 땅에서 가인의 목숨을 지켜 준 그 표가 무엇인지 우리는 모른다. 전혀 모른다. 이것은 성경의 화자가 답하려는 의지가 전혀 없는 많은 질문 중 하나다. 놋 땅의 많은 사람들은 어디에서 왔는가 하는 것도 그런 질문에 속한다. 그러나 우리가 분명히 아는 사실이 있다. 역사의 서두에 하나님이 살인자에게 주신 표는 수치의 표이자 은혜의 표라는 것이다.

그것은 분명 수치의 표다. 그렇다. 가인은 지목되었다. 요주의 인물이다. 그가 악행을 저질렀기 때문이다.

그러나 가인의 표는 때를 가리지 않고 구원하러 나서시는 하나님의 은혜도 보여준다. 하나님은 생명권을 박탈당한 사람의 생명을 구하신다. 하나님은 친동생의 목숨을 보호하지 않았던 사람의 목숨을 보호하신다. 이 은혜의 표로 하나님은 폭력이 항상 만들어 내는 복수의 고리를 끊으신다.

놀랍지 않은가? 가인은 하나님이 놋 땅으로 가시지 않기 때문에 그곳에 하나님이 안 계실 거라고 생각한다. 그러나 그렇지 않다. 가인의 표는 하나님의 표고, 하나님의 표는 가인이 지옥으로 내려간다 해도 그와 함께할 것이다.

재의 수요일에 전 세계 그리스도인들은 무릎을 꿇고 이마에 재를 바른다. 이마에 십자가의 표를, 재로 된 십자가의 표를 받는다. 그것은 수치의 표시이자 은혜의 표시다. 우리의 수치와 하나님의 은혜, 우리의 죄와 하나님의 용서, 우리의 폭력과 십자가의 피로 가능해진 하나님의 평화.

사실 우리는 어디를 가든지, 심지어 놋 땅으로 떠날 때도 십자가의 표지를 몸에 지닌다. 세례를 받은 우리 모두의 몸에는 빈 무덤의 표지도 있다. 세례는 우리가 예수 그리스도와 함께 죽고 부활했음을 표시해 준다.

그 결과 가인과 아벨의 드라마는 우리의 드라마이기도 하다. 우리 주 예수 그리스도께서는 가인과 아벨을 둘 다 대표하신다는 말이다. 예수님은 가인의 끔찍한 죄책을 담당하셨고 아벨의 순수한 믿음도 대변하셨다. 그리하여 부활절 아침에 하나님이 예수님을 죽은 자들로부터 살리셨을 때, 두 형제 간의 투쟁은 끝났다. 싸움은 끝났다. 예수 그리스도 안에서 하나님은 가인처럼 죄인인 우리도, 믿음으로 아벨처럼 죄 없게 된 우리도 모두 죽은 자들 가운데서 살리셨다.

아벨의 피는 더 이상 땅에서 부르짖지 않는다. 히브리서는 이제 아벨의 믿음이 소리치고 있다고 밝힌다(히 11:4). 그의 믿음만이 아니라 아브라함과 사라, 다윗과 룻과 베드로와 바울의 믿음도 소리치고 있다. 그 믿음의 외침은 몇 세기를 건너뛰어 우리에게 이른다. 하나님은 언제나 구원하러 나서시고 하나님의 은혜는 그들 편이고 당신 편이고 내 편이라고 소리친다. 이 모든 일은 너무나 끔찍하게 상하셨고 너무나 영광스럽게 그 정당성이 입증된 그리스도 덕분이다. 예수 그리스도께서 이루셨다.

선하신 하나님, 주님의 놀라운 은혜의 표를 우리에게 찍어 주소서.
그 은혜의 표가 우리의 여권이 되게 하소서.
예수님의 이름으로 기도합니다. 아멘.

자기기만

12

요일 1:5-2:2

우리가 죄가 없다고 말하면, 우리는 자기를 속이는 것이요, 진리가 우리 속에 없는 것입니다. 우리가 우리 죄를 자백하면, 하나님은 신실하시고 의로우신 분이셔서, 우리 죄를 용서하시고, 모든 불의에서 우리를 깨끗하게 해주실 것입니다(요일 1:8-9, 새번역).

1930년대 영국의 많은 고위 공직자들은 아돌프 히틀러를 신뢰했다. 히틀러는 독일에서 이목을 끌 만한 많은 일을 벌였고 아우토반(자동차 전용 고속도로—옮긴이)을 건설하고 있었다. 영국의 주요 국회의원들은 그를 대단한 인물로 보았다. 히틀러는 평화를 유지하리라고 믿을 수 없는 사람이며 베르사유 조약의 요구 조건을 무시한 채 독일을 재무장시키고 있다고 윈스턴 처칠이 경고했을 때, 이 고위 공직자들은 웃기만 했다. 그들은 처칠보다 상황을 더 잘 안다고 생각했다. 그리고 처칠이 "철저히 비현실적이고" 따돌림받는 사람이자 말썽꾼이라고 보았다. 히틀러가 얼마나 평화를 사랑하는지에 대한 믿음도 있었다.

그래서 그들은 처칠을 무시했다. 그를 가리켜 불안 조장자라고, 히스테리 상태라고 말했다. 히틀러를 **기쁘게 하려는** 그들의 시도를 처칠이 망치고 있다고 했다. 윈스턴 처칠은 독일이 제2차 세계대전을 벌이기 전에 몇 년에 걸쳐 자국의 지도자들에게 되풀이해서 경고했고, 독일에서 벌어지는 상황에 대한 그들의 자기기만을 깨뜨리려 했다. 그러나 영국의 지도자들은 계속해서 처칠이 제정신이 아니라고 말했다. 히틀러는 절대 서유럽을 공격하지 않을 겁니다. 그 사람이 그럴 리가 없어요. 그는 평화를 너무나도 사랑합니다.

그뿐이 아니었다. 영국이 처칠의 경고를 받아들여 전쟁 준비에 나설 경우, 그에 따른 엄청난 비용 때문에 "국가의 경제가 심각한 피해를 입게 될" 것이었다.

이 모든 내용은 여러 처칠 전기에 나와 있다. 특히 윌리엄 맨체스터가 집필한 권위 있는 처칠 전기 『마지막 사자: 윌리엄 스펜서 처칠』(*The Last Lion: William Spencer Churchill*) 제2권을 보라.

영국의 문제 중 일부는 독일이라는 큰 나라가 범죄자들의 수

중에 떨어졌다는 것을 고위 관리들이 도무지 믿지 못했다는 점이다. 그들은 그것을 믿을 수가 없었다. 그것을 믿게 되면 전쟁의 가능성을 생각해야 했기 때문이었다. 1930년대의 영국 사람들은 누구도 전쟁을 한다는 생각을 떠올리고 싶지 않았다. 그들에겐 제1차 세계대전의 피가 아직 마르지 않은 상태였기 때문이다.

그래서 영국의 지도자들은 진실을 거부했고 안심이 되는 거짓말을 줄줄이 받아들였다. 그들은 히틀러의 요구가 어느 선에서 멈출 거라고 주장했다. 처칠의 말대로라면 독일은 "유럽 전체"를 원하고 있었다. "유럽 전체라고? 터무니없는 소리! 유럽 전체를 가져서 그걸로 뭘 하겠소?" 히틀러가 원하는 것은 볼셰비키들을 물리치는 것이 전부라고 그들은 생각했다. 나치가 유대인들을 무참히 공격한다는 것 역시 말도 안 되는 소리로 여겼다. "윈스턴의 주장대로 유대인 박해가 널리 퍼져 있다면, 히틀러가 낌새를 채고 책임자들을 감옥에 집어넣을 거요!"2

그것으로 끝이었다. 영국의 지도자들은 처칠의 경고를 무시하고 총체적 자기기만이라는 편안하고 동굴 같은 어둠 속으로 물러났다.

오랜 세월이 지난 지금, 우리는 그 문제의 일부와 그 어둠의 일부를 안다. 자기기만에 대해서도 조금 알게 되었다. 복음의 빛과 바깥 어둠 사이에서 사는 것이 무엇인지 안다. 많은 현대 사회는 사람들이 자기에게 맞는 진리를 만들어 내면서 살아가는, 빛과 어둠의 경계가 불분명한 회색지대다. 이 회색지대 안, 두 지점이 가장 가까운 경로는 미로와도 같다.

요한은 아시아의 교회들에게 편지를 쓰면서 이런 것들에 대해, 하나님의 빛과 우리의 어스름에 대해 말했다. 요한1서의 핵심은 한 문장이다. "하나님은 빛이시라. 그에게는 어둠이 조금도 없으시다"(1:5). 그리고 요한은 여기에서 나오는 결론을 이렇게 말한다. 하나님이 빛이시라면, 하나님의 백성은 빛의 자녀여야 한다. 우리는 자기기만과 고백하지 않은 죄의 어둠에서 벗어나야 한다.

요한은 말한다. "우리가 죄가 없다고 말하면, 우리는 자기를 속이는 것이요, 진리가 우리 속에 없는 것입니다"(1:8, 새번역).

"우리는 자신을 속인다." 요한이 경고하고 있는 이 이해하기 힘든 일, 자기기만은 무엇일까?

자기기만은 우리가 스스로를 상대로 벌이는 어두운 일이다. 우리는 자신의 마음을 속이려고 한다. 자기 자신에게 사기를 당한다. 우리 마음 깊은 곳에서는 진실을 알지도 모르지만, 매일 우리 자신과 함께 살아가야 하는 표면에 가까워질수록 진실을 외면하게 된다. 진실을 아는 일을 감당할 수 없기 때문이다.

물론 우리는 자기기만이라는 것이 **있다**는 사실을 안다. 다른 사람들 안에서 그것을 보기 때문이다. 그리고 가끔, 또렷한 순간에, 경건한 순간에, 우리 마음속의 거짓을 포착해 내기도 한다. 그 거짓의 내용이 슬플 때도 있고 우스울 때도 있지만 보통은 걱정스럽다.

"자기를 속이는 것이요, 진리가 우리 속에 없는 것[이다]." 요한은 우리 자신의 죄에 대한 지식을 말하고 있다. 인간의 삶과 가정과 관계를 오염시키는 거짓에 대해 말하고 있다. 우리와 하나님의 관계의 핵심에 자리 잡은 거짓에 대해 말하고 있다.

인간의 삶을 오염시키는 거짓. 이것에 대해 함께 생각해 보자. 미국 마피아의 역사를 읽어 보면 언제나 의아함을 불러일으키는 한 무리의 인물들이 있다. 마피아의 아내들이다. 그들은 전통적으로 자기기만의 거장들이었다. 대부의 아내는 남편의 돈이 어디서 나오는지 모르고 절대 묻지 않는다. 그는 왜 남편의 동업자들이 가끔 시체로 발견되는지 모르고, 남편의 운전사가 왜 선글라스로 치장한 농장의 중장비 같은 인상을 풍기는지 모른다. 그는 동네에서 왜 자기 집만 늘 FBI의 감시를 받는지 묻지 않는다.

자기기만. 깊이 생각해 보라. 알코올중독자와 기타 약물중독자들은 왜 중독 사실을 부정하는 몇 년을 거칠까? 어떤 기혼자들은 왜 배우자가 드러내는 온갖 불륜의 징후들을 놓칠까? 그들의 불성실한 배우자들은 어떻게 밤에 속 편히 잘 수 있는 것일까? 여자를 때리는 남자들은 어떻게 여자가 맞을 짓을 했다고 믿을 수 있을까? 맞는 여자들의 일부는 또 왜 그렇게 믿을까?

사람들은 진실을 똑바로 보지 못한다. 진실은 너무 아프다. 그 앞에선 너무나 겁이 난다. 진실은 삶의 어떤 부분에서는 우리가 하나님의 영에 의해 다시 태어날 필요가 있다는 무서운 사실에 대해 아주 많은 것을 말해 준다. 우리는 그것을 직면할 수 없다. 그래서 안심이 되는 거짓말을 계속해서 받아들인다.

우리는 자신의 나쁜 성질이 의분이라고 스스로에게 말한다. 우리의 뒷담화는 정보 제공일 뿐이다. 자신에겐 특권이 없고 불우하다고 굳게 믿는다. 젊을 때는 나이든 사람에게 배울 것이 없다고 생각하고, 나이가 들면 젊은이들에겐 배울 것이 없다고 생각한다. 중년에 이르러 스트레스 수치가 높은 이유는 열정과 기량의 결과일 뿐이라고 되뇐다. 그리고 사는 내내, 어디에 있든, 하나님과 담을 쌓고도 여전히 기쁨을 누릴 수 있다고 생각한다.

곰곰이 생각해 보면, 자기기만의 정말 무서운 점은 그것이 우리의 사고를 왜곡하고 우리의 죄와 비참함을 그럴싸하게 포장한다는 것뿐만이 아니다. 우리는 자기기만 때문에 예수 그리스도와 분리될 수 있다. 그것이 정말 무서운 점이다. 우리의 업적이 안정감을 선사할 때, 우리의 명성이 자자할 때, 자부심이 우리를 보호하고 기운이 빠질 때마다 격려할 때, 즉 우리가 자신의 창조자, 입법자가 되고 자신의 의미와 힘의 중심이 될 때, 우리에게 구주가 필요하다는 생각이 이상하게 들리기 시작한다. 그 생각이 더 이상

흥미롭게 느껴지지 않고, 근본주의자들—우리에게 예수님이 필요하다는 믿음을 포함하여 신앙에 대한 편협한 생각을 가진 창피한 그리스도인들 말이다—의 헛소리처럼 들린다.

우리가 죄가 없다고 말하면 우리는 자기를 속이는 것이고 그리스도께서 우리 안에 계시지 않은 것이다.

그래서 우리에겐 자기 점검이 필요하다. 우리는 스스로를 점검하고 마음속의 혹을 만져 보고 복잡한 동기와 이중성이 있지 않은지 검사한다. 내 삶이 바라는 대로 되지 않은 진짜 이유는 무엇일까? 사람들이 나를 항상 신뢰하진 않는 진짜 이유가 무엇일까? 나는 왜 그토록 자주 정신적으로 우울해질까? 내가 기도를 소홀히 하는 것은 하나님이 비현실적으로 느껴지기 때문일까? 아니면 기도를 소홀히 해서 하나님이 비현실적으로 느껴지는 것일까?

나는 왜 칭찬에 목마른 가족들에게 칭찬의 말을 하는 데 인색할까? 왜 사회 정의를 촉구하는 목소리가 지루하게 느껴지거나 짜증이 날까? 나의 성미는 왜 자주 냉소로 굳어지고 그 냉소가 자비로 부드러워지는 일이 좀처럼 없을까? 무엇보다, 왜 복음이 종종 낯설게 보이고 예수 그리스도가 이방인처럼 느껴질까?

이런 문제들의 온전한 진실을 아는 사람은 없다. 어느 누구도 다른 사람의 마음을 알 수 없다. 우리는 자기 마음속 미로조차 알지 못한다. 그러나 우리가 분명히 아는 것이 있다. "우리가 죄가 없다고 말하면, 우리는 자기를 속이는 것이요, 진리가 우리 속에 없는 것"이라는 사실 말이다.

그래서 다시 말하지만 정기적인 자기 점검이 필요하다. 끊임없는 자기 점검이 아니라 정기적인 자기 점검이다. 늘 자기 점검을 하려고 해서는 안 된다. 끊임없는 자기 점검은 신경과민 증세다. 자기 영혼의 기분, 자신의 감정에 대한 영적인 느낌에 집착하는 그리스도인들이 있다. 나는 그것이 무엇인지 안다. 끊임없이 맥박을 재는 사람은 정상이 아니다. 복음의 중심은 우리의 죄가 아니라 우리의 구주다.

그러나 우리가 무엇에서 구원받아야 하는지 모른다면 구주는 우리에게 아무 의미도 없을 것이다. 그래서 우리는 정기적이고 주기적으로 우리 죄를 발견하고 그것을 고백한다. 이 일은 기도할 때 이루어진다. 훌륭한 성도들의 생애를 읽고 그들과 우리를 비교할 때 이루어진다. 우리는 신뢰하는 배우자 및 친구들과 함께 이 일을 한다. 성찬을 앞두고 자신을 점검한다. 우리를 살피시고 아시는 주님께 솔직하게 마음을 열어야 한다. 그러면 우리는 정직한 마음으로 이렇게 말하게 될 것이다. "오 하나님, 가끔 저는 실제보다 더 유능해 보이고 싶어서 진실을 교묘하게 처리합니다."

그러고 나면 이 기도가 충분히 정직하지 않음을 깨닫고 다시 기도하게 된다. "오 하나님, 제가 자존심을 세우려고 짐에게 거짓말을 했습니다." "오 하나님, 저는 긍휼보다 안락함을 더 사랑해서 불행한 사람들을 소홀히 합니다." "오 하나님, 저는 약하고 자기방어적인 사람입니다. 제가 주로 바라는 것은 성가신 일을 면하는 것입니다."

고통스러운 진실이다. 죄의 고백으로 밀려 나오는 고통스러운 진실이다.

"우리가 죄가 없다고 말하면, 우리는 자기를 속이는 것이요, 진리가 우리 속에 없는 것입니다. 우리가 우리 죄를 자백하면, 하나님은 신실하시고 의로우신 분이셔서, 우리 죄를 용서하시고, 모든 불의에서 우리를 깨끗하게 해주실 것입니다."

정직한 죄 고백은 자기기만을 치료하는 한 가지 해독제다. 눈물로 깨끗해진 눈은 보통 자기기만을 포착해 내기 때문이다.

"우리가 우리 죄를 자백하면……." 그런데 우리가 자신의 죄를 밝혔다는 것을 어떻게 알까? 또 다시 스스로를 속이고 있는 게 아니라는 걸 어떻게 알까? 우리의 교활한 정신이 수를 쓰고 있는 건 아닌지 어떻게 알까? 우리가 어떤 사실에 대해 정직했다 해도, 갑자기 튀어나온 그 작은 정직함이 모종의 부정직함에 의해서 유도된 것이 아닌지 어떻게 알까?

우리는 모른다. 우리는 심연을 꿰뚫어 볼 수 없다. 우리의 자기기만 능력은 그 깊이를 알 수가 없다. 우리는 자신이 찾고 있는 바로 그 죄를 숨길 줄 안다. 그러나 모든 노련한 그리스도인은 우리의 나뉜 마음이 다시 눈가림을 시작했음을 보여주는 몇 가지 징후를 알고 있다. 우리는 정직을 멀리하는, 약간씩 뒤틀린 작은 생각과 표현을 알아볼 수 있다.

다음과 같은 표현들이 떠오른다.

- 난 인간일 뿐이야.
- 다들 이렇게 하는걸.
- 그땐 술에 취했어.
- 사람들이 원하는 대로 해야지 어쩌겠어.
- 나는 해야 할 일을 했어.
- 아무도 내게 경고하지 않았어.
- 내가 안 해도 다른 사람이 할 거야.
- 내가 하는 일로 아무도 다치지 않아.
- 난 지시대로 했을 뿐이야.
- 완벽한 사람은 없어.
- 딱 한 번이었다고.

이런 표현들은 작은 경보기의 역할을 한다. 마음 놓고 있을 때가 아니라는 것을 알려 준다. 우리 죄를 고백해야 할 시간임을 알린다.

　우주의 이상한 사실 중 하나는 하나님은 죄를 결코 용인하지 않으시지만 죄를 용서하신다는 것이다. 그리고 우리가 용서받을 때, 하나님이 용서하시고 깨끗하게 하실 때, 우리는 고통과 경이로움이 가득한 방식으로 새로워진다. 우리 옛 자아가 죽어야 하기 때문에 고통이 따르고, 우리의 새 자아가 놀랍게 살아나기 때문에 경이로움이 따른다.

　C. S. 루이스는 조지 맥도널드에게서 빌려 온 비유를 써서 이렇게 말한다.

　여러분이 살아 있는 집이라고 상상해 보십시오. 하나님이 오셔서 그 집을 다시 지으십니다. 처음에는 그분이 하시는 일이 이해가 될 것입니다. 그분은 하수구를 고치고 지붕에 새는 곳을 막는 등의 일을 하십니다. 이런 것들은 필요한 일이므로 여러분은 놀라지 않습니다. 그런데 얼마 안 가 그분은 집을 마구 때려 부수기 시작하십니다. 말도 못하게 아플 뿐 아니라 도무지 이해가 안 됩니다. 도대체 그분은 무슨 일을 하시는 걸까요? 설명하자면 이렇습니다. 그분은 여러분이 생각하는 것과는 전혀 다른 집을 짓고 계신 겁니다. 이쪽에는 한쪽 벽을 새로 세우고 저쪽에는 바닥을 더 깔고 탑을 새로 올리고 마당을 만드시는 거지요. 여러분은 보기 좋은 작은 오두막집을 생각했는데 그분은 궁전을 짓고 계십니다. 그리고 친히 그 궁전에 들어와서 살 작정이십니다.[3]

오 진리의 하나님, 내 안에 정직함이 있기를 원합니다.

예수님을 위해서 올곧고 참되게 살기 원합니다. 아멘.

풀의 광채

시 103:1-22

인생은, 그 날이 풀과 같고,

피고 지는 들꽃 같아,

바람 한 번 지나가면 곧 시들어,

그 있던 자리마저 알 수 없는 것이다.

그러나 주님을 경외하는 사람에게는

주님의 사랑이 영원에서 영원까지 이르고,

주님의 의로우심은 자손 대대에 이를 것이니,

곧 주님의 언약을 지키고 주님의 법도를

기억하여 따르는 사람에게 이를 것이다(시 103:15-18, 새번역).

지쳐 빠진 그리스도인이 아니라면 이 놀라운 찬양을 접할 때

등골이 조금이라도 오싹해지지 않을 수 없을 것이다. 히브리 성경 안에서도 손에 꼽을 만큼 멋진 대목이다. 시인의 영혼 깊은 곳에서 솟아난 이 시는 앞으로 뻗어 나가 아버지가 자녀들을 안듯이 하나님의 백성을 감싸 안는다. 시는 거기서 더욱 멀리 뻗어 나가 사는 날이 짧고 부서지기 쉬운 생명을 가진 모든 인류를 숙고한다. 그리고 또 한 번 더 멀리, 더 높이, 더 넓게 확장되는데, 가장 길게 뻗어 간 지점에서는 주님의 우주적 나라를 보는 절정을 이룬다. 그 나라에서는 천사들이, 힘센 일꾼들이 주님을 에워싸고 있다.

주님의 모든 천사들아, 주님의 말씀을 듣고 따르는 힘찬 용사들아, 주님을 찬양하여라(103:20, 새번역).

그리고 마침내, 시편 기자는 하나님과 인류의 길을 살피는 데서 돌아와 시를 마무리한다. 이제 차분하게, 더없는 경이감을 안고, 자신이 시작한 말을 마친다. "내 영혼아, 주님을 찬송하여라"(103:22, 새번역).

절묘한 아름다움을 갖춘 이 찬양은 하나님의 위대하심을 더없이 멀리 탐구한다. 찬양의 중간쯤에 등장하는 심오한 대목은 장례식에서 자주 봉독된다. 충분히 그럴 만하다. 단순하면서도 뇌리에서 떠나지 않는 시어들은 인생의 짧음과, 언젠가는 우리가 잊힐 것임을 노래한다.

> 인생은, 그 날이 풀과 같고,
>
> 피고 지는 들꽃 같아,
>
> 바람 한 번 지나가면 곧 시들어,
>
> 그 있던 자리마저 알 수 없는 것이다(103:15-16).

인생은 어머니의 태에서 시작되어 출생과 학창 시절과 사춘기를 지나, 힘 있고 유능한 시절을 보낸 뒤 마침내 늙고 약해지는 과정을 거친다. 끝이 가까워진 시점에서 돌아본 인생은 아주 짧게 느껴질 수 있다.

노령의 그리스도인들과 함께하는 목회자가 그들에게 인생에 대한 질문을 던지면 거의 예외 없이 똑같은 대답을 듣게 될 것이다. 나이 든 그리스도인 여성에게 이렇게 물어본다. "인생이 빨리 지나갔습니까?" 이 질문은 그의 예민한 부분을 건드린다. 그는 이렇게 말한다. "내 인생이 거의 끝나간다는 걸 **믿을 수가** 없어요. 초등학교 3학년 때 학교에 포스터를 제출했는데, 선생님이 내게 한 말이 지금도 또렷이 기억나요. 가족들과 함께 집에서 보낸 크리스마스들이 마치 3년 전의 일인 것처럼 생생하답니다. 하지만 이제 나는 늙었고 볼품없고 죽을 날이 얼마 남지 않았어요."

시편 기자는 우리 인생이 풀과 같다고 말한다. 풀잎 하나가 자라나 작은 풀잎 무리 사이에서 위로 쑥 올라온다. 다른 풀잎들보다 더 높이 자란다. 그러다 어느 날, 차갑고 강한 바람을 맞아 쓰러지고 시든다. 풀과 같다!

우리 인생은 또 꽃과 같다! 인간들은 이 자리에, 이 하늘 아래에, 나무들 사이에, 호수와 갯벌을 따라 활짝 피어난다. 그들은 뿌리를 내리고 성장한다. 각 사람이 색깔과 복잡성과 독특한 아름다움을 지니고 있다. 그러나 여러 해가 지나고 나면, 아무도 그들을 기억하지 않는다. 그들이 있던 자리도 알 수 없게 된다.

사람들은 태어나고 자란다. 어떤 이들은 곧게, 어떤 이들은 굽게, 어떤 이들은 제멋대로 자란다. 그들은 대를 이어 살아간다. 담배 연기 가득한 방안을 서성이는 낭만주의자나 프랑스 실존주의자가 아니라도 대대로 사람들이 뽐내며 걷다가 사라지는 일의 의미가 궁금해질 수 있다. 구약 성경의 지혜로운 저자들은 오래전에 이에 대한 의문을 품었다. 시편 90편, 이사야 40장, 욥기와 전도서에 이와 관련된 대목들이 나온다. 이 주제가 거듭해서 등장하는 비할 데 없는 대목들이다. 욥기 14:1-2는 이렇게 말한다.

여인에게서 태어난 사람은 생애가 짧고 걱정이 가득하며
그는 꽃과 같이 자라나서 시들며
그림자 같이 지나가며 머물지 아니하거늘

시편 90:5은 인생이 **꿈**과 같다고 말한다. "주님께서 생명을 거두어 가시면, 인생은 한 순간의 꿈일 뿐"(새번역).

구약 성경에 등장하는 하나님의 사람들은 사려 깊은 모든 이가 아는 바를 알았다. 세월은 흘러가면서 우리의 보물과 기회와 순수했던 시간들을 앗아 간다. 그것들은 다시 돌아오지 않을 것이다. 그리고 서른이나 서른다섯 살이 지나 허망함의 느낌이 우리 안에서 깨어나면, 시간이 점점 더 빠르게 흐르는 것처럼 느껴진다.

가끔 그것이 아주 실감 나게 다가올 때가 있다. 10대 아들들과 농구 시합을 하는데 이전의 민첩함이 사라진 것을 깨닫는다. 남은 것은 육중한 몸뿐이다. 아이들은 친절하게 말한다. "아빠, 노련하신데요? 하지만 확실히 느려요."

오랜만에 지인의 집을 방문했는데 그 집 아이들이 못 알아볼 정도로 커버렸다. 고등학교 졸업 25주년 동창회 모임에 참석해 보니 한때 매일 함께 학교에 다니던 이들의 옛 모습을 찾아볼 수가 없다. 인생의 절반이 지났는데, 아직도 할 일이 너무나 많다.

칼 융의 이론은 사람이 태어나서 서른다섯 또는 마흔까지는 세상을 발견하고 작게나마 세상을 정복한다는 것이었다. 이 시간까지는 무슨 일이든 가능하다. 그러나 중년의 어느 해에 이르면 지평선에 도달하여 그 건너편을 내려다보게 된다. 그리고 자신이 죽을 것임을 알게 된다.

물론 시인들과 철학자들은 이 무상함과 이에 대한 감성, 시간의 흐름이 우리 안에 일으키는 깊은 갈등에 대해 말하려 해왔다. 그러나 나의 한 친구가 그에 대해 한 말은 도저히 잊을 수 없을 만큼 강력했다. 그는 우리가 자녀들이 자라기를 원하면서도 그들이 자랄 때 아픔을 느낀다고 말했다. 우리 자신에 대해서는 노쇠함 없는 상태로 어른 대접을 받기 원한다. 관절이 뻣뻣하지 않은 상태로 지위를 누리길 바란다! 주름살이 없는 상태로 지혜를 발휘하길 바란다!

하지만 그럴 수가 없다. 그럼 세월이 흐르는 것에 대해 뭐라고 말해야 할까? 이 모든 것은 무엇을 의미할까?

두 가지 답변을 생각해 볼 수 있다. 한 가지는 우리 삶을 헤아려 보고 절망 속에서 이렇게 말하며 돌아서는 것이다. "우리 인생은 그림자와 같구나." 무대에 오른 배우의 한 시간과 같다고 말할 수도 있을 것이다.

인생은 걸어 다니는 그림자일 뿐.
무대에서 잠시 거들먹거리고 종종거리며 돌아다니지만
얼마 안 가 잊히고 마는 처량한 배우.
떠들썩함과 분노가 가득하지만
바보 천치가 지껄이는 아무 의미 없는 이야기.

셰익스피어의 『맥베스』(제5막 제5장)에 나오는 대목이다. 바보 천치가 지껄이는 아무 의미 없는 이야기. 이것은 절망적이고 불경건한 가능성이다.

다른 답변도 같은 방식으로 시작된다. "인생은, 그 날이 풀과 같고……바람 한 번 지나가면 곧 시들어……." 그러나 이 두 번째 답변은 『맥베스』와 달리 모퉁이를 돌아간다.

인생은, 그 날이 풀과 같고……
그러나 주님을 경외하는 사람에게는
주님의 사랑이 영원에서 영원까지 이르[니]
곧 주님의 언약을 지키……는 사람에게 이를 것이다.

여기서 인생은 한 민족의 이야기, 살아 있고 움직이는 사람들의 무리―드라마 속 여러 배역을 맡을 사람들로 이루어진 무리―가 펼치는 드라마다. 우리 각자는 이 드라마 안에서 자리를 잡아야 한다. 이것은 하나님이 들려주시는 이야기이고 이생과 내세에서 최종적으로 중요한 모든 것을 의미한다. 이것은 하나님의 인간 자녀들이 비극적으로 쓰러지는 드라마요, 지략이 풍부하신 하나님이 우리 가운데 오셔서 쓰러진 이들을 일으키시는 드라마다. 하나님이 그렇게 하시는 최종적 이유는 바로 그분의 한결같은 사랑이다.

우리 인생에 유일한 의미는 하나님의 이 영원한 사랑에서 나온다. 이 사랑이 대대로 사람들을 심었고, 우리를 기르며 기뻐했고, 우리가 쓰러졌을 때 걱정하며 우리 사이에서 일했다. 이 사랑이 어느 날 우리를 찾아온다. 죽음의 저승사자로서가 아니라 자신의 나무를 그 잎사귀가 마르지 않을 곳, 요한계시록의 말대로 그 잎이 "만국을 치료"(22:2)하는 데 쓰일 수 있는 곳으로 옮겨 심고 싶어 하는 믿음직한 농부로서 말이다. 우리 인생이 어떤 식으로든 의미를 갖는다면, 그 의미는 하나님이 귀중하게 여기신다는 데 있고 하나님을 더욱 기쁘게 해드리는 일에 쓰인다는 데 있다. 이런 인생은 실제로 하나님께 올리는 찬양이 된다. "내 영혼아, 여호와를 송축하라"(시편 103:1).

우리 이전에 하나님을 경외했던 많은 사람들이 이것을 알았다. 한 친구가 뉴잉글랜드의 오래되고 멋진 묘지를 방문했던 이야기를 내게 들려주었다. 그곳에선 다양한 뉴잉글랜드 이름들과 기발한 묘비명을 볼 수 있다. 한 묘비엔 이런 글귀가 새겨져 있다. "내가 아프다고 말했잖아." 이런 것도 있다. "여기 존 맥도널드가 누워 있다. 나를 수술한 의사는 앤터니 웬델이다."

그곳에 오래전에 하나님을 사랑하고 굳세게 살려고 애썼던 두 그리스도인의 시신이 누워 있고 그들의 묘비가 보인다. 한 화강암 비석에는 이렇게 새겨져 있다. "호세아 맥키니스터. 그는 하나님의 이름을 크게 높였다." 또 다른 묘석에는 이렇게 적혀 있다.

"머도 해밀턴이 여기 누워 있다. 그는 생전에 하나님을 찬양했다."

이들은 누구였을까? 소농이었을까, 포도원 주인이었을까, 상인이었을까? 어떤 사람들이었을까? 어떤 질문을 가지고 살았을까? 무엇을 가장 두려워했을까? 예기치 못한 기쁨을 어떻게 맞이했을까?

이제는 누구도 모른다. 그들이 있던 자리마저 알 수 없다. 그러나 호세아 맥키니스터는 하나님의 이름을 크게 높였고 머도 해밀턴은 일평생 하나님을 찬양했다. 그리고 이제는 주님만이 이들이 누구였는지, 그리고 영원히 누구인지 아신다. 주님의 사랑이 주님을 경외하는 사람에게 영원에서 영원까지 이르기 때문이다. 그리고 하나님을 경외하는 남녀들, 외경심과 사랑을 가지고 그분을 마주하는 사람들은 성경 본문이 말하는 두 가지, 즉 인생의 덧없음과 하나님 사랑의 영원함을 모두 깨닫게 된다.

"인생은, 그 날이 [들의] 풀과 같아…… 바람 한 번 지나가면 곧 시들어, 그 있던 자리마저 알 수 없는 것이다."

사실 우리는 하루 24시간 내내 죽음을 향해 나아가고 있다. 우리는 없어질 것이다. 인생의 짧음이 우리의 스승이다. 우리는 짧은 인생을 한탄하면서 우리가 인생 너머의 무언가를 위해 만들어졌고 우리 안에 영원한 것이 들어 있음을 배운다. 사실 우리는 하나님을 위해 만들어졌다. 하나님의 사랑을 받고 있다. 그 사랑이 너무나 깊고 절절하고 확고하기 때문에, 우리는 자신의 인생을 엉망진창으로 만들 때에도 하나님이 우리를 안아 주시고 귀하게 여기신다는 확신을 잃지 않는다. 우리 안에 있는 영원한 것은 하나님의 한결같은 사랑이다.

우리의 날은 들의 풀과 같다. 그러나 그 풀은 하나님의 영원한 사랑으로 빛난다. 인생의 그늘이 길어지고 바람이 거세질 때도 우리는 하나님 안에서 고요한 안식의 처소를 발견한다. 하나님은 아들을 보내어 우리 가운데서 엄청난 일을 이루게 하셨다. 그 아들은 우리와 함께 슬픔의 길을 걸으셨고 마침내 죽음이 죽게 만드셨다. 그래서 우리는 이 하나님을 향하여 자란다. 하나님은 어려운 세월 내내 우리를 붙드시고 상처받고 지칠 때 우리를 안아 주신다. 이 하나님이 언젠가 추수하러 오실 것이다.

우리가 누구였고 무엇을 원했고 어떤 행동을 왜 했는지 이 세상의 누구도 모를 때가 언젠가 올 것이다. 그러나 하나님은 아실 것이다. 영원부터 영원까지 하나님은 아실 것이다.

오 하나님, 내 안에 가치 있는 어떤 것,
주목할 만한 것, 고귀한 것이 있다면,
그것은 당신의 아들 주 예수 그리스도를 통해 드러난 당신의 사랑,
당신의 영원한 사랑입니다.
예수님의 이름으로 기도합니다. 아멘.

부활을 두려워하는 이유

마 28:1-10

그 여자들이 무서움과 큰 기쁨으로 빨리 무덤을 떠나 제자들에게 알리려고 달음질할새(마 28:8).

수전 와이즈 바우어(Susan Wise Bauer)는 기독교 저널 「북앤컬처」에 실린 멋진 글에서 모든 부모가 이미 아는 사실을 전한다. 아이들은 악에 대한 지식을 갖고 태어난다는 사실 말이다. 누구도 아이들에게 악을 소개할 필요가 없다. 아이들에게 악에 대해 말해 주지 않아도 된다. 그들은 세상에 악이 있다는 것을 안다. 아이들이 꾸는 꿈의 내용을 보면 알 수 있다. 꿈꾸는 아이의 얼굴에 스치는 먹구름을 보면 알 수 있다. "가장 부드러운 양육을 받은 아이도 악몽을 피하지 못한다." 악몽은 이른 나이에 시작된다.[1] 침대 밑 괴물

155

의 악몽, 벽장 괴물의 악몽, 층계 뒤에 사는 그림자의 악몽.

이것이 의미하는 바는 어린이들이 에덴동산의 아담과 하와와 같다는 것이다. 그들은 악을 발명하지 않는다. 악을 발견한다. 그리고 악을 두려워한다.

그래서 아이들은 잠자리에 들기 전에 취침 의식을 치르고 싶어 한다. 취침 의식은 두려움을 어느 정도 몰아낸다. 많은 부모들이 이것을 잘 알기 때문에 안아 주고 뽀뽀하고 이야기를 해주고 "이제 누워 잠들려 하오니"를 암송하는 것이다. 아이는 부드러운 것들이 죽 이어지면서 사나운 것들을 몰아내기를 원한다. 물론 좋은 부모는 이것을 이해하고, 취침 의식을 서둘러 끝내려고 하지 않는다. 아이들에겐 자기 전의 정해진 과정이 필요하고 그것을 위한 시간을 가질 필요가 있다.

이미 말했지만, 이 시간의 일부를 이야기 읽어 주기가 차지한다. 수백 년 동안 부모들은 아이들이 잠들기 전에 취침 전 이야기를 읽어 주었다. 날을 보내고 밤을 불러오기 위해서였다. 놀랍게도, 부모들은 종종 진짜 악이 등장하는 이야기들을 읽어 주었다. 이것은 썩 좋은 생각이 아닌 것처럼 느껴지지만, 알고 보면 그렇지 않다. 이런 이야기들에서는 주인공이 악을 확실하게 물리치기 때문이다. 아이들은 마녀나 질투하는 의붓언니, 어린양을 먹고 싶어 하는 늑대가 나오는 이야기를 **좋아한다**. 이야기에 어느 정도 악이 등장하는 것을 좋아한다. 주인공이 그 악을 물리치는 것을 확인하고 눈을 감을 수만 있다면 말이다.

진짜 악이 제대로 파괴되는 것. 이것이 취침 전 이야기의 핵심 요소다. 그래서 바우어가 지적한 대로, 아이들은 현대식으로 결말을 바꿔 놓지 않은 이야기, 즉 정치적으로 올바르지 않게 끝나는 옛날이야기를 좋아한다. "**진짜** 헨젤과 그레텔 이야기. 마녀가 결국 자기 오븐에서 구워지는 이야기 말이다!"

이제 모두가 잠자리에 들 수 있다.

바우어는 우리 모두가 아이라고 말한다. 우리 모두 진짜 악을 제대로 무찌르는 이야기를 좋아한다.

이야기는 두려움을 불러일으켰다가 해소하는 식으로 우리가 두려움을 관리하도록 돕는다. 블루스(blues)를 불러서 우울함(blues)을 떨치게 하는 것과 같다. 우리의 두려움을 관리하는 일에는 정말로 도움이 필요하다. 우리는 실패를 두려워하고 미래에 있을 상실을 두려워한다. 친구들을 잃을까 봐, 가정의 안정을 잃을까 봐 두려워한다. 불면증을 두려워하는 이들도 있는데, 그러면 불면증이 더 심해질 뿐이다. 남모르는 중독 증세가 주체할 수 없이 심해져서 결국 망신을 당하게 될까 봐 두려워하는 이들도 있을 것이다.

우리는 악을 두려워한다. 왜 안 그렇겠는가?

악은 우리를 다치게 한다.

악은 우리를 위협한다.

악은 우리를 파멸시키려 든다.

그러므로 악에 대한 두려움은 우리의 자기방어 기제가 보내는 첫 번째 경보다.

이 두려움은 우리가 하나님의 손 안에 있어 궁극적으로 안전하다 해도 여전히 존재한다. 어떤 것도 우리 주 예수 그리스도 안에 있는 하나님의 사랑에서 우리를 끊을 수 없지만, 믿음으로 제어한다 해도 어느 정도의 두려움은 본능적인 것이다. 그것은 정상적인 현상이고 어쨌든 불가피하다.

우리는 악을 두려워하고 모두가 그 이유를 안다.

그러나 누군가가 선한 것을 두려워한다면 어떻게 될까? 선에 맞서 자신을 보호해야 한다고 느낀다면 어떻게 될까? 아이가 동화를 듣다가 엉뚱한 지점에서 겁을 먹는다고 상상해 보자. 잠자는 숲속의 공주가 혼수상태에 빠질 때가 아니라, 잘생긴 왕자가 입맞춤으로 공주를 깨울 때 겁을 먹는다면? 못생긴 오리가 멋진 백조로 바뀐다는 말을 듣고 아이가 벌벌 떨기 시작한다면?

선한 것을 두려워하는 것이 이치에 맞는 일일까?

이제 하나님의 말씀을 읽어 보자.

안식일이 다 지나고 안식 후 첫날이 되려는 새벽에 막달라 마리
아와 다른 마리아가 무덤을 보려고 갔더니 큰 지진이 나고 주의
천사가 하늘로부터 내려와 돌을 굴려 내고 그 위에 앉았는데 그
형상이 번개 같고 그 옷은 눈같이 희거늘 지키던 자들이 그를 무
서워하여 떨며 죽은 사람과 같이 되었더라. 천사가 여자들에게
말하여 이르되 너희는 무서워하지 말라. 십자가에 못 박히신 예
수를 너희가 찾는 줄을 내가 아노라. 그가 여기 계시지 않고 그가
말씀 하시던 대로 살아나셨느니라. 와서 그가 누우셨던 곳을 보
라. 또 빨리 가서 그의 제자들에게 이르되 그가 죽은 자 가운데서
살아나셨고 너희보다 먼저 갈릴리로 가시나니 거기서 너희가 뵈
오리라 하라. 보라, 내가 너희에게 일렀느니라 하거늘 그 여자들
이 무서움과 큰 기쁨으로 빨리 무덤을 떠나 제자들에게 알리려
고 달음질할새 예수께서 그들을 만나 이르시되 평안하냐 하시거
늘 여자들이 나아가 그 발을 붙잡고 경배하니 이에 예수께서 이
르시되 무서워하지 말라. 가서 내 형제들에게 갈릴리로 가라 하
라. 거기서 나를 보리라 하시니라(마 28:1-10).

이것은 마태가 전하는 부활절이고 뜻밖의 놀라운 사건들이
가득하다. 다른 어느 복음서도 부활 자체를 보여주진 않는데, 이
부분에서는 마태도 마찬가지다. 예수 그리스도의 부활, 즉 죽음의
이끼가 여전히 들러붙어 있는 상태로 그분의 몸이 일어나 전진하

는 이 사건은 성령의 영감을 받은 저자에게도 말로 표현할 수 없
는 일이었던 듯하다.

마태는 부활을 보여주지 않는다. 사람들이 부활에 어떻게 **반
응하는지** 보여줄 뿐이다. 천사가 돌을 굴려 냈을 때는 부활이 이미
일어난 뒤임을 알 수 있다. 천사의 그 행동은 예수님이 내보내 드
리기 위해서가 아니라 그분이 이미 나가셨음을 보여주기 위함이
었다.

천사는 돌을 굴려 내고는 그 돌 위에 앉는다. 아주 짓궂은 천
사다! 땅이 흔들리고, 땅과 함께 경비병들도 비틀거린다. 그러다
기절하고 만다. 마태는 여기에 담긴 유머를 우리가 알아보기를 바
란다. 죽은 사람은 무덤 속에서 살아나고, 무덤 바깥에 있던 이들
은 픽픽 쓰러진다.

이것으로 분명해졌다. 빌라도와 대제사장들은 실패했다. 지
역의 경비 체계도 실패했다. 빌라도와 대제사장들은 돌로 막고 지
키고 경비를 세워 하나님의 아들의 출현을 막기 위한 모든 가능한
조치를 취했다. 그러나 그것은 헛된 일이었다. 프레드릭 비크너의
표현에 따르면, 그것은 "기관총으로 바람을 멈추려는 것과 같은"
일이었다.[2]

"그가 여기 계시지 않고……살아나셨느니라"(마 28:6). 신약
성경의 엄청난 사건이 여기 있다. 복음의 중심 메시지가 여기 있

다. 모든 신자가 가슴을 활짝 펴게 만들 힘이 담긴 메시지다. 그 내용은 단순하다. "주님이 살아나셨다." "주님이 참으로 살아나셨다!" 설교, 성례, 전도, 그리스도인의 사회적 실천은—토요일이 아니라 일요일에 드리는 예배까지도—모두 예수 그리스도의 부활을 중심에 두고 있다. 자포자기한 채 어찌할 바를 모르는 사람들에게 그리스도인들은 말한다. "주님이 살아나셨습니다." 의심하는 자들에게 말한다. "주님이 살아나셨습니다." 원수들에게 잡혀 화형을 당하면서도 하나님을 찬양하던 순교자들에게 말한다. "주님이 살아나셨습니다." 가난의 수모를 겪는 이들, 허리케인으로 집이 날아가거나 홍수에 쓸려가는 황폐함을 경험한 전 세계의 가난한 사람들에게 그리스도인들은 말한다. "주님이 살아나셨습니다."

마태의 기록에서 이 복음을 처음 들은 사람은 두 명의 여자였다. 막달라 마리아와 야고보와 요셉의 어머니 마리아다. 그들은 십자가 처형의 자리에 있었고 매장할 때도 있었고 이제 여기 부활의 현장에도 와 있다.

복음을 증언한 첫 번째 인간 증인은 두 여자다. 여자들이 증인으로서 법적 지위를 갖지 못하던 땅에 살던 두 여자. 부활의 이야기가 사람이 지어낸 것이었다면 이야기 속의 여자들은 집밖으로 나오지 않았을 것이다. 그 이야기가 허구적인 기록이었다면 여자들은 집에서 울고 남자들이 무덤에서의 일을 챙겼을 것이다. 그러나 그런 일은 없었다. 그래서 마태복음에 그런 일은 나오지 않는다. 그날 실제로 일어난 일은 당시가 1세기였던 것을 생각하면 아주 난처한 것이었다. 법적 효력이 없는 증인, 증인이 될 수 없는 두 사람, 신뢰할 수 없는 두 증인이 부활절 아침에 나타나 역사상 최대의 사건을 목격한 것이다.

그리고 그들은 그 사건을 두려워한다. 나는 그들의 그 두려움이 **자연스러운 것이라고** 말하고 싶다.

그들은 초자연적인 사건을 두려워한다. 너무 으스스하기 때문이다.
그들은 천사를 두려워한다. 그가 빛으로 가득하기 때문이다.
그들은 천사의 메시지를 두려워한다. 사실이라기엔 너무 좋은 메시지이기 때문이다.

천사가 말한다. "그가 여기 계시지 않고 그가 말씀하시던 대로 살아나셨느니라"(마 28:6). 여자들은 서로를 바라본다. 그들은 꿈을 꾸는 것일까? 그들 앞에 있는 천사가 보기와 달리 선하지 않을 가능성도 있었다. 누가 알겠는가? 천사들이 존재할 수 있다면, 비뚤어진 천사이거나, 아니면 잔인한 천사일지도 모른다.

부활을 두려워하다니! 그 소식은 너무 좋아서 믿음의 사람들도 믿기 어려울 정도다. 우리는 그 소식을 **감히** 믿을 수가 없다. 우리는 이미 너무 자주 속았다. 그리고 좋은 소식에 속는 것은 끔찍한 일이다. 참으로 끔찍한 일이다. 누군가가 우리에게 사랑한다고 말하면 우리 안에선 희망이 솟아오른다. 그러나 알고 보니 그 사람이 거짓말쟁이라면 우리의 희망은 처음보다 더 낮은 자리로 추락할 것이다. 좋은 소식은 아름답지만 사실이어야 한다. 사실이 아닌 희소식은 무소식보다 더 큰 상처가 된다.

정직한 설교자라면 누구나 부활절에 대해 이런 식으로 의구심을 품어 봤을 것이다. 영혼의 깊은 밤에 접어들 때 설교자는 두려움을 느낀다. 우리 그리스도인들에게 남겨진 것은 죽은 구주가 전부가 아닐까, 이 운동을 지속시킬 유일한 방법은 죽음이 죽음처럼 보이지 않고 죽음에서 죽음의 냄새가 나지 않게 부활절에 더 크게 소리 지르는 것이 아닐까 하는 두려움이다.

이것은 참으로 인간적인 두려움이다. 그래서 복음서의 마리아와 도마 같은 이들은 좋은 소식을 받아들이기에 앞서 잘 살펴보고자 했던 것이다. 그들은 대번에 믿을 수가 없었다.

이것이 절반의 진실이다. 부활절 진실의 절반은 두려움이고 우리는 이것을 잘 인정하지 못한다.

그러나 나머지 절반은 큰 기쁨이다. 두 여자는 두려움과 큰 기쁨을 동시에 느끼며 무덤을 떠난다. 두려움과 기쁨의 결합이다. 기쁜 두려움. 두려운 기쁨. 이 두 감정이 서로를 끌어당긴다. 부활의 양쪽 끝에서 서로 잡아당긴다고 말할 수도 있겠다.

> 두려움이 말한다. 안 된다고.
> 기쁨이 말한다. 된다고.

> 두려움이 말한다. 지켜보라고.
> 기쁨이 말한다. 믿으라고.

> 두려움이 말한다. 자기를 지키라고.
> 기쁨이 말한다. 자기를 내어 주라고.

마태는 우리에게 부활을 보여주지 않는다는 것을 기억하자. 그는 사람들이 부활에 어떻게 **반응하는지**를 보여준다. 그리고 그의 주인공들은 두 명의 인간미 넘치고 아주 경건한 여인이다. 그들은 두려움과 큰 기쁨을 안고 요셉의 무덤에서 달려 나와 뛰어가다가 마침내 부활하신 주님과 마주친다.

두려운 기쁨. 기쁨에 찬 두려움. 그런데 한 가지 묻고 싶다. 이것은 삶이 본격적으로 시작될 때 인간이 보이는 진정한 반응이 아닐까? 출산을 생각해 보라. 두려움과 큰 기쁨. 학업을 마치고 사회생활을 시작할 때를 생각해 보라. 두려움과 큰 기쁨. 결혼을 생각해 보라. 왜 수많은 사람들이 결혼식장에서 눈물을 흘릴까? **결혼**

식의 어떤 요소가 사람을 울리는 걸까?

두려움과 큰 기쁨. 두려운 기쁨은 거대한 시작에 앞선 진실하고 인간다운 반응이다. 우리 모두 그것을 느껴 봤다.

그런데 복음은 우리를 한 걸음 더 나아가게 한다. 복음 안에서는 두려움과 기쁨이 동등하지 않기 때문이다. 두려움은 그냥 두려움이지만 기쁨은 **큰** 기쁨이다. 둘 사이에서 싸움이 벌어지면 결국 기쁨이 승리해야 마땅하다. 기쁨이 승리해야만 부활하신 그리스도, 우리보다 앞서 갈릴리로 가신 그리스도를 간신히 따라잡을 수 있다고 말할 수 있다.

그렇다. 우리에겐 두려움이 있다. 이것은 분명한 사실이다. 그러나 우리에겐 기쁨도 있다. 우리의 기쁨은 두려움보다 커야 한다. 기쁨이 두려움을 넘어서야 한다. 복음의 기쁨이 우리 안에서 부활하고 우리의 두려움을 **압도**해야 한다.

이런 일이 일어날 수 있는 유일한 방법은 예수 그리스도 곁에 아주 가까이 머무는 것이다. 두 마리아는 십자가 처형장에 있었고, 예수님이 묻히시는 자리에 있었고, 그분의 무덤을 살피러 이른 아침에 그곳으로 갔다. 신실함의 90퍼센트는 자리를 지키는 일로 이루어진다. 신실함의 90퍼센트는 힘들어도 계속 해나가는 일로 이루어진다.

제자들은 이것을 놓쳤다. 그들은 집에서 방바닥만 닦고 있었다. 그러나 두 마리아는 부활절 아침에 무덤을 살피러 나갔다.

거기서 그들이 들은 소식 덕분에 우리는 그리스도인이 되었고, 전 세계 20억의 그리스도인들이 부활절을 기념한다. 그리스도 우리 주께서 죽은 사람들 사이에서 살아나셨다. 그분은 나오셨다. 예수 그리스도를 통해서 하나님이 활보하신다. 우리는 결코 안전할 수 없을 것이다. 부활하신 주님은 우리의 믿음만 원하시는 게 아니기 때문이다. 그분은 우리가 가진 모든 것, 우리의 전 존재를 원하신다.

그러므로 친구들이여, 우리 그리스도인들 안에는 두려움이 가득해야 한다. 그리고 큰 기쁨도.

주 예수 그리스도, 할렐루야!

주님은 부활하셨습니다. 할렐루야! 아멘.

이웃 사랑

15

레 19:9-18, 마 22:34-40

예수께서 이르시되 네 마음을 다하고 목숨을 다하고 뜻(지성-옮긴이)을 다하여 주 너의 하나님을 사랑하라 하셨으니 이것이 크고 첫째 되는 계명이요 둘째도 그와 같으니 네 이웃을 네 자신 같이 사랑하라 하셨으니 이 두 계명이 온 율법과 선지자의 강령이니라(마 22:37-40).

미국공영라디오방송에서 메리 케이 메기스태드(Mary Kay Magistad)는 세계에서 가장 잔인한 감옥 중 한 곳에서 살아남은 한 화가의 특별한 이야기를 들려주었다. 1970년대 후반, 크메르루주라는 학살자 집단이 캄보디아를 장악하여 그들에게 방해가 되는 모든 사람이 공포에 떠는 상황이 되었다. 어느 날, 군인들이 들이 닥쳐 화가를 체포했다. 그들은 그를 집에서 끌어내어 두들겨 패고 투올슬랭이라는 감옥에 가두었다. 크메르루주는 그곳에서 끔찍한 일들을 저질렀다.

화가는 굶주린 채 감옥에 앉아 떨면서 기다렸다. 간수가 들어와 그를 고문하다가 죽일 날을 기다렸다.

주위에선 사람들이 애원하는 소리가 끊이지 않았다. 간수들이 엄마와 아이들을 떼어 놓고 총살 부대의 일을 쉽게 만들기 위해 노인들을 한데 모아 족쇄를 채웠기 때문이다.

화가의 이름은 반 나스(Vann Nath)이고, 자신의 감옥 경험을 다룬『캄보디아 감옥의 초상』이라는 책을 썼다. 그가 살아남아 책을 낼 수 있었던 이유는 그를 사로잡은 자들이 그가 그림을 그릴 수 있다는 사실을 알고 크메르루주의 지도자 폴 포트의 초상화를 그리게 시켜 보자는 생각을 했기 때문이다. 어느 날 간수가 처음 보는 사람의 사진을 그에게 건넸다. 폴 포트의 사진이었다. 그는 캄보디아 땅에서 인간다움을 완전히 지워 버리고 싶어 한 인물이었다. 간수가 말했다. "이분을 그려. 잘 그려. 그러면 살려줄 테니."[1]

그래서 화가는 감방에 앉아 감옥 곳곳에서 울려 퍼지는 피해자들의 비명을 들으며 가해자의 얼굴을 그렸다. 반 나스는 원수의 얼굴을 그려서 크메르루주가 지배하던 죽음의 세월을 지나 살아남았다. 폴 포트라는 인간의 얼굴을 그리는 데 얼마나 큰 용기가 필요했을지 우리는 충분히 상상할 수 있다.

반 나스는 풀려난 이후 다시 붓을 잡았다. 이번에는 감옥에 있던 이웃들의 얼굴을 그리기 위해서였다. 화가는 고문을 보았고 죽음을 보았다. 그는 자신의 고통스러운 기억을 하나하나 그림으로 쏟아냈다.

오늘날 투올슬렝 감옥은 박물관으로 개조되었다. 박물관 벽에는 1만 4,000명에 이르는 죄수들의 사진이 걸려 있는데, 그중에서 일곱 명을 제외하고 모두 살해당했다. 살아남은 일곱 명 중 한 사람인 반 나스의 그림들도 박물관에 걸려 있다. 몇 년 전, 박물관에 있던 그는 낯익은 얼굴의 방문객이 들어오는 것을 보고 소스라치게 놀랐다. 알고 보니 방문객은 옛날의 간수였다. 호이라는 이름의 살인자였고 감옥에서도 가장 악독한 인물로 손꼽혔다.

처음에 반 나스는 그 사람에게 다가갈 엄두도 나지 않았지만 결국엔 용기를 내어 호이에게 다가가서 물었다. "내가 그린 그림들 보셨습니까?" 호이가 "봤습니다"라고 말했다. "내가 과장했습니까?" 호이가 대답했다. "아닙니다. 현실은 훨씬 더 심했습니다."

그러자 반 나스는 호이를 바라보고 이렇게 말했다. "나는 복수를 원하지 않습니다. 그저 당신이 죽인 이 모든 사람들도 살고 싶어 했다는 것을 당신이 알았으면 좋겠습니다. 당신이 살고 싶어 하는 것처럼 말입니다. 그들을 대변해서 말하는 것입니다."

"그들은 살고 싶어 했습니다. 당신이 살고 싶어 하는 것처럼 말입니다." 반 나스가 호이에게 한 말이 이해가 되는가? 그는 이렇게 말한 것이었다. 당신이 죽인 사람들은 당신과 다를 바 없었습니다. 그들은 당신과 같은 피조물이었고 그들에게 필요한 것은 작은 친절이 전부였습니다. 그들은 인간이었고 작은 인간애로 만족할 수 있었습니다. 그들이 당신의 관할 구역에 있었습니다. 그들에게 필요했던 것은 정의였습니다. 다시 말해 그들은 당신의 이웃이었고 당신은 그들을 자기 자신처럼 사랑해야 했습니다.

나는 여기에 우리에게 전하는 메시지가 있다고 생각한다. 우리 중 많은 이들이 정기적으로 주일 예배에 참석한다. 습관에 따르거나 새로운 한 주를 시작하는 차원에서만 교회에 가는 것이 아니다. 우리는 일요일마다 모여 사랑을 진지하게 여긴다. 우리는 하나님의 은혜를 받은 사람답게 마음을 다하고 목숨을 다하고 지성을 다하여 하나님을 사랑하기 원한다. 그리고 이웃을 우리 자신처럼 사랑하기 원한다.

우리가 이웃을 사랑하는 것은 그들이 하나님께 속한 사람들이고 하나님의 의(righteousness)로 보호를 받기 때문이다. 하나님의 의는 하나님이 양과 염소를 분별하시는 데 쓰는 천상의 기준에 그치지 않는다. 하나님의 의는 감옥에서의 잔혹 행위를 맹렬하게 미워하는 것이다. 하나님의 의는 상황을 시정하고 잘못된 것을 고치고 프놈펜과 동남아시아의 모든 잘못된 일을 바로잡기 원하는 것이다. 미국과 미국 정부의 모든 잘못된 일, 우리 도시와 주의 모든 잘못된 일, 특히 우리 마음속 정부의 모든 잘못된 부분을 바로잡기 원하는 것이다. 하나님이 세상을 바로잡으시기를 열렬히 원하지 않고는 하나님을 사랑할 수 없다.

마태복음의 율법사가 묻는다. 그러면 "율법 중에서 어느 계명이 가장 큽니까?"(22:36). (이것이 답을 알고 싶어서 묻는 질문이 아니라 질문을 위한 질문임을 우리는 안다.) 가장 큰 계명은 무엇입니까? 예수님은 신명기 6:5을 변형하여 대답하신다. "네 마음을 다하고 목숨을 다하고 뜻(지성─옮긴이)을 다하여 주 너의 하나님을 사랑하라"(마 22:37).

지성을 다하여. 하나님은 우리에게 지성을 발휘하여 하나님을 사랑하라고 부르신다.

그런데 그 다음에 예수님은 아무도 묻지 않은 계명을 덧붙이신다. 예수님은 아무도 구하지 않은 계명, 첫 번째 계명만큼이나 순종하기 어려운 계명을 추가하신다. 하나님이 사랑하시는 이들을 사랑하라는 계명이다. 예수님은 우리 이웃을 우리 자신처럼 사랑하라고 말씀하신다. 방금 읽은 레위기 19장으로 돌아가 보자. 예수님은 우리 이웃을 대변하신다. 생명의 주님이 어떻게 살아야 하는지 알려 주신다.

171

참으로 놀라운 본문이다. 이웃을 자기 자신처럼 사랑한다는 것은 무엇을 의미할까?

그것은 다음과 같은 내용을 의미한다. 눈먼 사람 앞에 장애물을 두지 마라. 듣지 못하는 사람을 저주하지 마라. 추수할 때는 밭 구석구석까지 다 거두어들이지 말고 가난한 사람들과 외국인을 위해 곡식을 남겨 두어라. 누구에게도 거짓말하지 마라. 품꾼들에게는 일이 끝나는 대로 품삯을 지불하여라. 누구도 헐뜯지 마라. 한마디로 네 이웃을 네 자신처럼 사랑하여라.

이 계명들에는 정의가 들어 있고 정의 이상의 것이 있다. 사랑이다. 사랑은 언제나 정의를 포함하고 넘어선다. 그래서 레위기 본문에는 장애가 있는 사람들을 위한 사랑의 배려가 담겨 있다. 귀먹은 사람을 저주하지 말라고 본문은 말한다. 일부 랍비의 말을 가져오자면, 귀먹은 사람**조차** 저주하지 말라. 내 말을 들을 수 없는 사람**까지도** 저주하지 말라. 저주의 말은 하는 사람과 듣는 사람 모두의 존엄성을 손상시킨다. 그것은 모욕적이고 사람을 쪼그라들게 만드는 비뚤어진 처사다. 다른 인간을 저주하는 것은 반(反)생명적인 일이다.

이웃을 사랑하라는 계명에 담긴 생각은 그들의 삶을 증진시키라는 것이다. 추수할 때 밭 모퉁이의 곡식은 거두어들이지 말고 가난한 사람들과 외국인들을 위해 남겨 두라는 것이다.

더없이 사려 깊은 계명이 아닌가! 밭모퉁이의 곡식을 남겨 놓으면, 자기 밭이 없는 가난한 이들이 식량을 얻을 수 있고, 지역 내의 외국인, "타지에서 온" 누군가, 성경의 룻처럼 지역의 지리를 잘 모르는 사람들도 먹을 것을 얻을 수 있다. 이런 식으로 어려운 사람들을 챙기는 것은 외국인에게 우리 밭의 한 몫을 할당함으로써 그를 친족으로 삼는 일이다. 폴 램지(Paul Ramsey)에 따르면, 사랑한다는 것은 그에 합당한 상대를 알아보는 것이 아니라 그런 존재를 만들어 내는 것이다.

랍비들은 이 추수 계명에 담긴 또 다른 한 가지를 알아보았다. 밭모퉁이의 곡식을 거두어들이지 않고 남겨 두면, 외국인들은 어디서 먹을 것을 구할 수 있는지 알게 된다. 그 곡식은 분명 그들을 위한 것이다. 먹을 것을 구하러 다른 곳을 찾을 필요가 없다. 걱정할 필요가 없다. 구걸할 필요가 없다. 요청할 필요조차 없다. 그들을 위한 곡식이 남아 있는지 아닌지 궁금해할 필요가 없다. 수확의 진행 상황만 계속 살피면 된다. 하나님이 말씀하신다. 다른 사람들을 위해 뭔가를 제공하되 그들의 존엄을 지켜 주는 방식으로 하라. 하나님은 이것을 계속 말씀하신다. 이것을 행하라. **나는 주 너희의 하나님이다.**

네 이웃을 네 자신처럼 사랑하여라. 이웃에게 필요한 것을 공급하여라. 타지에서 온 사람이라면 더욱 챙겨라. 우리는 그들에게 손을 내밀어야 한다. 우리 삶의 한 부분을 내어 주고 그들한테서 뭔가를 배울 수 있도록 질문을 해야 한다. 처음에는 질문이 다소 무지해도 괜찮다. 무지한 질문은 어설픈 입맞춤과도 같다. 중요한 것은 마음이고, 하다 보면 마음은 더 깊어진다.

네 이웃을 네 자신과 같이 사랑하여라.

너는 자신을 헐뜯지 않을 것이다. 네 이웃도 헐뜯지 마라.

자신에게 거짓말을 해서는 안 된다. 이웃에게도 거짓말하지 마라.

너는 꼬박꼬박 음식을 챙겨 먹지 않느냐. 배고픈 이웃에게도 먹을 것을 주어라.

이것이 우리가 성장하는 길이다. 그 이유는 다들 이해하리라 생각한다. 좋은 성장은 상당 부분 다른 사람의 삶에 관심을 가질 때 이루어진다. 그들이 무엇을 원하는지, 어떻게 생각하는지, 그들의 마음이 무엇에 움직이거나 움직이지 않는지 헤아려 볼 때 말이다.

이웃을 자기 자신처럼 사랑하라. 사랑은 생명을 가져다준다. 격려의 말이나 사려 깊은 질문으로 이웃에게 다가갈 때, 기뻐하는 이들과 함께 기뻐하고 우는 이들과 함께 울 때(롬 12:15), **우리는 하나님과 비슷해진다.** 하나님은 언제나 모든 사람에게 생명을 불어넣으신다. 그 생명이 너무나 커서 모든 별들이 함께 노래하고 싶어 하고 모든 하나님의 자녀가 기뻐서 소리치고 싶어 할 정도다. 하나님은 생명을 전하는 법을 아시고, 우리는 그분처럼 행동하라는 부름을 받았다.

우리가 이웃들에게 손을 내밀 때 그들이 살아난다. 그들은 자신이 혼자가 아니라는 생각을 하게 된다. 사람이 항상 혼자 있는 것은 좋지 않다. 그들에게는 자신을 찾아 주고 풍요롭게 해주고 안부를 물어 줄 누군가가 필요하다. 그래서 우리는 가족을 잃은 이들을 찾아가 어떻게든 함께 슬픔을 나누려고 한다. 죽은 사람을 위해서는 우리가 할 수 있는 일이 거의 없다. 죽은 사람들은 오직 하나님만이 일으키실 수 있다. 그러나 남은 사람들을 위해서는 우리가 할 수 있는 일이 있다. 우리는 그들이 다시 생기를 얻도록 도울 수 있다.

이웃을 자기 자신처럼 사랑하라. 이것을 어떻게 실천할지 염려가 된다면, 이웃에 대해 감상적이 되거나 비현실적이 될 필요가 없다는 말을 덧붙이고 싶다. 모든 이웃을 똑같이 사랑할 필요는 없다. 우리가 도시의 모든 사람에게 생기를 불어넣을 수 있다고 생각할 필요가 없다. 우리는 하나님이 아니다. 하나님과 비슷할 뿐이다. 그리고 다른 사람들에게 생명을 불어넣는 데 있어서 우리의 폐는 용량이 작다.

그러나 성령 하나님이 우리에게 계속 숨을 불어넣으신다면, 우리는 적어도 이웃 중 일부에게 생명을 전할 수 있다. 그들에게 관심을 가질 수 있고 안부를 물을 수 있고 이름을 똑바로 발음하는 법을 배울 수 있다. 가끔 우리의 무지를 드러낼 질문을 함으로써 그들 앞에서 스스로를 취약하게 만들 수 있다. 이웃의 마음을 기쁘게 할 만한 일들을 꿈꾸는 데 몽상 시간의 일부를 쓸 수 있다. 그리고 연인의 절박한 심정으로 기도 중에 이웃을 하나님께 올려드릴 수 있다. 한마디로 우리는 이웃을 향한 하나님의 열정을 공유함으로써 그들을 우리 자신처럼 사랑할 수 있다.

언젠가 이런 수준을 넘어 우리가 이웃을 위해 영웅적으로 행동하도록 부름받는 날이 올까? 예수 그리스도께서 하셨던 것처럼 이웃을 위해 삶을 바쳐야 할 때가 올까? 그럴 수도 있다.

그러나 산수도 모르면서 미적분을 할 수는 없는 법. 영웅이 되기에 앞서 서로에게 평범한 방식으로 예절을 지키고 존중하고 기본적인 배려를 하는, 평범하게 사랑하는 사람이 되어야 한다.

우리 이웃은 살고 싶어 한다. 우리가 살고 싶어 하는 것처럼 말이다. 그리고 프놈펜의, 뉴욕의, 아니면 세계 어느 곳의 누구라도 사랑 없이는 살 수 없다.

기억하자. 밭 가장자리의 곡식이 가난한 사람들의 몫으로 남겨지기 원하시는 분, 장애가 있는 사람들이 존중받기를 원하시는 분이 바로 우주의 하나님이시다. 이분이 우리 이웃을 우리 자신처럼 사랑하라는 권고에 무게를 실어 주신다.

긍휼의 하나님, 우리 이웃은 당신에게 속한 이들입니다.

그들은 당신의 소유이고 우리는 그들을 사랑하기 원합니다.

예수님을 위해 그들을 사랑하게 도와주십시오. 아멘.

영적 가속도 16

막 4:21-25

가진 사람은 더 받을 것이요, 가지지 못한 사람은 그 가진 것마저 빼앗길 것이다(막 4:25, 새번역).

복권에 당첨된 실직자의 사연을 읽어 본 적 있을 것이다. 사장에게 해고당한 후 실업 급여를 받고 있지만, 기간이 얼마 남지 않았다. 그때 뜻밖의 행운이 찾아와 1억 500만 달러의 복권에 당첨된다. 빚을 모두 갚고, 지역 TV 뉴스에 출연하고, 고급 대형 승용차를 두 대 구입하고, 예전의 공장에 들러 그를 해고했던 사장과 긴 산책을 하며 이야기를 나누고, 서른여덟 살의 나이에 하와이로 멋지게 은퇴한다.

그런데 즐거움과 함께 골치 아픈 일도 시작된다. 어떤 이들은 갑자기 얻은 많은 돈을 잘 감당하지 못한다. 인생의 황금기에 시작된 40년의 휴가가 꼭 행복을 보장하는 것은 아니다. (복권 당첨자들에 대한 몇몇 연구가 이 점을 보여준 것으로 안다. 당첨자의 새로운 재산에는 새로운 문제들, 새로운 세금, 많은 수의 새로운 친척들이 꼬인다.)

그러나 이보다 더 중요한 것이 있다. 복권 당첨자, 로또 당첨자, 뜻밖의 큰 재산의 상속자가 모두 가난하고 절약하던 사람들인 것은 아니라는 점이다. 의외로, 이들 중에는 이미 성공한 사업가나 안정된 생활을 하는 은퇴자들도 있다. **이전에** 복권에 당첨된 적이 있는 사람이 또 당첨되는 경우도 있다. 그런 기사를 읽으면 사람들은 고개를 가로저으며 이렇게 말하게 된다. "과연! 가진 사람은 더 받을 것이요."

이 말이 예수님의 말씀을 인용한 것이라니, 참 의외다. 이 난해한 말의 출처가 하필이면 우리 주님이라니. 뿐만 아니라 그분의 말씀을 뒷부분까지 모두 인용하면 그 의미가 더 어려워진다. "가진 사람은 더 받을 것이요, 가지지 못한 사람은 그 가진 것마저 빼앗길 것이다"(막 4:25, 새번역).

처음 들을 때 이 말씀은 그리 공평하게 느껴지지 않는다. 아니, 너무 충격적이다. 주님은 우리가 맨해튼의 최고급 아파트에 식품 꾸러미를 보내고 어려운 집 아이들에 대한 지원은 끊어야 한다고 생각하시는 건가? 가장 부유한 야구 선수들을 위한 감세 조치를 지지하고 가난한 관람객의 지붕 없는 관람석 티켓은 잘라 버려야 하나? 라스베이거스 카지노에 보조금을 지급하고 어려움을 겪는 작은 회사들에는 압류 조치를 취할까? 도대체 이게 무슨 격언이란 말인가? 부자가 더 부유해지고 가난한 사람은 더 가난해진다는 건 모두 아는 사실이다. 그러나 점잖은 사람이라면 다 애석하게 여기는 사실이지, 주님이 좋게 말씀하실 만한 내용이 아니다.

"가진 사람은 더 받을 것이요, 가지지 못한 사람은 그 가진 것마저 빼앗길 것이다."

이 말씀은 예수님이 유대인들의 격언을 가져다 쓰신 것 같다. 이것은 인간의 상황을 예리하게 관찰한 사람이 차분한 눈으로 바라본 삶의 변함없는 사실을 기록한 것이다. 부유한 대금업자(요즘으로 말하면 악성 사채업자)는 비교적 적은 위험이나 노력으로 큰 재산을 축적할 수 있는 반면, 가난한 농부는 나쁜 날씨와 적은 수확량 탓에 더 가난해지는 상황에서도 대금업자에게 마지막 한 푼까지 갚아야 한다는 사실 말이다.

그렇다. 부가 부를 낳는다, 돈이 돈을 번다는 것과 같은 종류의 사실이다.

이것은 모두 사실이고, 우리는 이것이 사실임을 안다. 예수님도 아신다. 그러나 예수님은 지금 이 말씀을 하시는 것이 아니다.

예수님은 돈에 대한 이 격언을 사용하여 전혀 다른 말씀을 하신다. 이 말씀은 비유를 통해 예수님의 가르침을 제대로 이해하는 일을 논하신 대목에서 나온 것이다. 여기서의 요점은 하나님의 계시를 잘 사용하지 않으면 그 계시를 잃어버릴 수 있다는 것이다. 계시를 받았어도 잘 사용하지 않으면 운동하지 않은 근육처럼 쪼그라들고, 소홀히 한 우정처럼 될 것이다. 피아노 실력과 비슷하다고도 말할 수 있다. 오래전 피아노 교습을 받을 때는 '사탕 병정 행진곡'을 칠 수 있었다. 그러나 더 이상 연습을 하지 않다 보니, 이제는 그 병정 중 일부가 길을 잃고 말았다.

그런가 하면, 가진 재능을 강화하는 일도 가능하다. 그래서 운동선수는 훈련을 하고, 음악가들은 연습을 한다. 친구를 배려하는 사람들은 우정에 **공을 들이고** 똑똑한 배우자는 결혼 생활에 **공을 들인다**.

기독교 신앙도 마찬가지다. 신앙에서도 흐름이 중요하다. 우리의 신앙은 은혜에서 시작해 은혜를 향해 **움직여** 계속 강해져야 한다. 예수 그리스도를 붙드는 자력도, 다른 사람들을 그리스도께로 이끄는 자력도 강해져야 한다. 더 이상 아무것도 의미가 없는 것처럼 보이고 오직 믿음만으로 자신을 끌고 가야 하는 어두운 시기에도 강해져야 한다.

다시 말해 모든 삶에 있는 **나쁜 흐름과 좋은 흐름**, 악순환과 선순환이 기독교 신앙에도 있다는 것이다. "가진 사람은 더 받을 것이요, 가지지 못한 사람은 그 가진 것마저 빼앗길 것이다."

그래서 우리는 예수님에 대해 들을 때 주의를 기울여야 한다. 은혜와 주님을 아는 지식에서 자라야 한다. 그렇지 않으면 우리의 지식이 희미해지고 하나님에 대한 시각이 흐려지고 우리의 사랑도 식어 버린다.

나는 이 과정이 어떻게 진행되는지 우리가 안다고 생각한다. 좋은 흐름은 하나님의 말씀을 제대로 듣는 데서 시작된다. 하나님의 말씀을 듣고 여기에 뭔가 있을지도 모른다는 생각을 하기 시작하는 것이다. 성경에서 좋은 말씀을 접한다. 우리 안의 뭔가가 세워지고 곧아진다. 복음이 살아 있는 것처럼 느껴진다. 성인이 된 후 처음으로 기도를 해본다. 처음 춤을 추는 사람처럼 마냥 어색할 것이다. 그러나 어느 날 기도에 푹 빠지게 된다. 하나님과 대화하는 것에 대해 생각만 하는 것이 아니라 **실제로** 그분과 대화하기 때문이다.

이런 흐름에 가속도가 붙는다. 그리스도인들의 공동체와 더 강한 연대를 느끼고, 어쩌면 난생 처음으로 교회가 하는 일에 관심을 갖기 시작한다. TV에서 듣고 보는 내용의 기본 가정과 옳고 그름을 더욱 더 의식하게 된다. 그중에는 정치적인 내용도 있다. 공직에 출마하는 사람들이 상대 후보의 동기를 안다고 얼마나 쉽게 주장하는지, 그 동기를 최대한 좋게 해석하는 경우가 얼마나 드문지 알아보게 된다. 그리고 그 때문에 마음이 불편해진다.

이것은 좋은 영적 흐름이다. 사회의 불의에 관심을 갖게 되고 그 때문에 불안과 불편함을 느끼기 시작한다. 세상이 비웃는 박애주의자를 더 이상 비웃지 않게 된다.

기독교 신앙이 자신에게 점점 더 의미 있어진다는 것, 신앙이 살아 있고 자란다는 것을 발견한다. 하나님이 아주 실제적으로 느껴진다. 우리 가운데 거니셨던 그리스도께서 나와 동행하시는 것처럼 보인다. 이 세상이 이생 배후에 놓인 상상하기 어려울 만큼 찬란한 현실을 향해 열린 창들이 가득한 곳으로 보인다. 자신에게도 가족에게도 인생에서 가장 중요한 것은 얼마나 머리가 좋은지, 수입이 얼마나 되는지, 힘 있는 친구들이 얼마나 있는지, 심지어 평범한 의미에서 얼마나 행복한지가 아니라는 생각이 들기 시작한다. 가장 중요한 것은 예수 그리스도와의 깊은 연합임을 알아보기 시작한다.

이런 흐름이 확고해진다. 작은 일, 단순한 것에서도 기쁨을 얻을 수 있음을 발견한다. 마침내 마음 깊은 곳에서부터 감사할 줄 알게 되었기 때문이다. 그리고 감사가 기쁨의 강력한 엔진임을 발견한다.

물론 집과 직장, 교회에는 머리 아픈 일들이 있다. 여러 장애물을 극복해야 하고 까다로운 사람들을 상대해야 한다. 개인적인 수모를 감내해야 한다. 자신의 경력이나 건강에 대한 두려움이 가끔씩 뼈아프게 밀려오기도 한다. 이 모든 것이 사실이다. 심각한 어려움을 안고 살아야 하는 이들도 있다. 나는 이런 현실을 안다.

하지만 깊은 의미에서 핵심을 놓고 보면, 우리의 생명은 안전하게 **확보되었다고**, 그리스도와 함께 하나님 안에 깊이 감추어졌다고 말할 수 있다. 그 핵심으로부터 우리는 다음과 같은 인식을 갖고 일하고, 놀고, 관계를 이어 나갈 수 있다. 무슨 일이 닥쳐도, 우리의 토대가 아무리 흔들려도, 영원하신 하나님이 우리를 크게 사랑하시고 굳게 붙드시기에 그 무엇도 우리를 하나님의 손아귀에서 빼낼 수 없다는 인식이다.

"가진 사람은 더 받을 것이요."

이렇게 말해서 안됐지만, 나쁜 흐름도 영적 삶의 현실이다. 세례를 받아 믿음의 가족의 일원이 되고 예수 그리스도를 알게 되었지만 어쩌다 보니 신앙에서 슬그머니 벗어나게 된 사람들이 수백만 명이다. 우리 중 많은 이들이 그렇게 신앙에서 미끄러졌던 때를 기억한다.

당신은 이런 일이 어떻게 이루어지는지 알 것이다. 기도가 점점 의미 없어지기 시작한다. 기도가 힘든 일로 느껴진다. 하나님이 존재하신다면 왜 이다지도 침묵하시는지 의아해진다. 하나님이 그리 실제적으로 느껴지지 않는다. 그래서 기도를 적게 한다. 물론 기도를 줄인 만큼 하나님이 더욱 덜 실제적으로 보인다.

성경이 지루해지기 시작한다. 성경이 지루한 이야기 또는 공상의 산물로 보인다.

교회 안의 위선자들이 눈에 들어온다. 교회 사람들은 말을 잘할 뿐 아니라 죄도 잘 짓는다. 여느 사람들과 똑같이 신나게 죄를 짓는 것 같다. 교회! 교회의 설교자들은 아무도 묻지 않는 질문에 대답한다. 주문 같은 성례, 강력한 수면 효과가 있는 설교, 음악과 예배 스타일로 티격태격하는 사람들. 그 모두가 따분해 보인다. 하나님을 가장 드높이는 방법을 놓고 그리스도인들이 서로 눈을 부라린다는 것을 알게 된다. 빨리 교회에서 나가고 싶은 마음이 간절해진다.

나쁜 흐름이다. 어느새 세속 사회의 선전을 믿고 있다. 얄팍하고 이기적인 사람들과 얄팍하고 이기적인 우정을 나누기 시작한다. 정직은 패배자를 위한 거라는 생각이 든다. 약속을 지키는 건 구닥다리들이나 하는 일이라고 생각한다. 선을 추구하는 것이 승합마차 수리처럼 이상한 취미로 보인다.

나쁜 흐름이 가속화된다. 모든 궁극적 질문을 생각 밖으로 몰아내고 되는 대로 흘러간다. 가까운 사람을 배신하고서 "이봐, 나도 사람일 뿐이야"라는 말로 스스로를 변호한다. 자신에게 편안한 상태에 안주하고 직장에선 일하는 시늉만 한다. 그러다가 어느 날 이런 생각이 든다. '이게 전부인가?' 일하고 먹고 TV 보다가 잔다. 그 다음에 또 일하고 먹고 TV 보다가 잔다. 이런 식으로 수십 년을 살다가 어느 날 심장이 터지거나 신장이 작동을 멈추겠지. 이게

다야? 이게 **내 인생**이야?

우리가 자신만의 세계에서 살 듯, 가족들도 각자의 세계에서 사는 것 같다. 하긴, 요즘 아이들을 누가 이해할 수 있을까? 버릇없는 작은 짐승들! 아이들이 낯선 사람처럼 느껴진다. 배우자도 마찬가지다. 기혼자인 우리는 스스로에게 묻는다. 어쩌다 어리석은 열정에 휘말려 여기에 걸려들었지? 중년의 위기를 휘청대며 지나간다. 젊은 시절은 한 번뿐인데 미성숙한 상태는 무한히 이어질 수 있음을 깨닫는다.

무엇이 좋은 인생인지 정말로 궁금해지기 시작한다. 돈, 지위, 안락한 은퇴, 친구들의 부러움 또는 무엇을 얻든, 그 대부분은 상당히 불안정하다는 인식이 점점 커진다. 그러다 어느 화요일에 병리실에서 무서운 진단 결과가 나오고 모든 것이 의문투성이가 된다. 하지만 어쨌든 그 모든 것 중에 의미 있는 것은 없었다. 그 어떤 것도 진짜 만족을 안겨 준 적이 없었다. 근본적인 차원의 만족은 없었다. 우리는 사람들이 말하는 **절망**이 무엇인지 배운다. 지옥문 바깥에는 "여기 들어오는 자, 모든 희망을 버려라!"라는 문구가 붙어 있다고 중세의 시인들이 상상한 이유를 알게 된다.

"가진 사람은 더 받을 것이요, 가지지 못한 사람은 그 가진 것마저 빼앗길 것"이기 때문이다. 이생에서도 그렇고 내세에서도 그렇다.

그런데 주님은 이 성경 본문을 통해 우리에게 말씀을 주시면서 각 사람에게 어떤 반응을 기대하신다. 물론 좋은 흐름이 만들어지는 것은 하나님의 은혜에 달려 있다. 우리가 그런 흐름을 만들어내는 것이 아니다. 하나님이 우리의 굳은 마음을 부드럽게 만드시고 거룩한 길로 우리를 이끄신다.

그러나 성경에는 우리에게 행동을 요구하는 말씀이 있다. 우리는 그 말씀을 안다. 인간이 하나님의 품에서 벗어나 혼자 힘으로 행복을 찾으려 애쓴 세월만큼이나 오래된 말씀이다.

그 말씀은 이것이다. 돌이키라, 회개하라, 돌아오라, 복음을 믿으라. 네가 누구인지, 누가 너를 만들었고 사랑하고 네 존재의 중요한 부분마다 지문을 남겼는지 기억하라.

친구들이여, 우리 그리스도인들 중 많은 이들은 하루에도 열 번 넘게 예수 그리스도의 이름을 말하면서도 복음의 신선함, 생기, 경이로움, 긴급성, 아름다움을 한동안 잃어버릴 수 있음을 안다. 사람은 너무나 빠른 속도로 그저 **닳고 닳은** 그리스도인이 되어 버린다. 그런 일은 아주 빠르게 이루어지고, 너무나 치명적이다.

이상하게도, 하나님께 돌아오고 나면 그동안 그분이 일을 쉬셨던 게 아님을 알게 된다. 갈증을 채워 줄 것이 없고 끔찍한 불안에서 벗어나 쉬게 해줄 사람도 없는 먼 땅에서 우리가 헤매고 있었을 뿐이다.

우리는 계속 움직이고 있다. 교만에서 불안으로, 불안에서 소망이 무너지는 자리로 가고 있을 수도 있고, 반대로 점점 더 힘을 얻으면서 은혜에서 은혜로 나아가고 있을 수도 있다. 때로 이런 움직임은 몇 년이 지나야 알아볼 수 있는 방식으로 이루어지기도 한다. 은혜가 놀라운 이유는 그것이 너무나 신비롭기 때문이다.

C.S.루이스의 『스크루테이프의 편지』 끝부분에는 회심한 그리스도인이 악마의 유혹을 떨쳐내고 영광의 나라에 들어가는 대목이 나온다. 천사들이 그를 환영한다. 그런데 그 천사들을 보았을 때 그는 자신이 그들을 언제나 알고 있었음을 깨닫는다. 그리고 자신이 혼자라고 생각했던 때에 천사들 각각이 어떤 역할을 했는지 알게 된다. 천사들이 그를 위해 개입했던 것이다. 그래서 이제 그는 이 은총의 천사들에게 "누구십니까?"가 아니라 "그러니까 줄곧 당신들이었군요."라고 말할 수 있다.

"가진 사람은 더 받을 것이요, 가지지 못한 사람은 그 가진 것마저 빼앗길 것이다."

누구라도 귀 있는 사람은 이 말씀을 듣기를.

신실하신 하나님, 당신의 말씀과 뜻 안에 우리를 세우소서.
우리 안에 성령의 열매를 심으시고 기르시고 돌보시어
우리가 예수 그리스도를 위해 자라고 꽃피게 하소서. 아멘.

겸손으로
옷 입으십시오

17

골 3:1-4, 12-14

여러분이 그리스도와 함께 살리심을 받았으니……겸손으로 옷
입으십시오(골 3:1, 12, 우리말성경).

한 목사가 강연을 시작하면서 꽤 오랫동안 자신에 대해, 특히
자신의 업적에 대해 말하는 것을 들은 적이 있다. 그는 자신이 상
원 의원들과 기업체 대표들에게 조언을 하는 특권을 누렸다고 했
다. 5개 대륙에서 설교하고 자신이 쓴 책들이 10개 언어로 번역되
는 특권을 누렸다고 말했다. 미국에서 가장 힘 있는 사람들의 결혼
식 주례를 서고 장례식을 집전하는 특권을 누렸다. 어디를 가든 너
무나…… 그러니까, '감동적인' 이야기로 수천 명의 사람들의 마
음을 울리는 특권을 누렸다. 사실 이 모든 특권들은 그에게도 감동

을 주었다. 그가 말했다. "하나님이 저를 수많은 놀라운 사역들로 부르시기에 합당한 자로 여기셨다는 것을 생각하면, 제 마음은 너무나 겸손해집니다."

우리는 겸손으로 농간을 부린다. 그렇지 않은가? 바울은 이런 농간을 모두 알고 있었다. 골로새서 3장은 2장 다음에 나오고(처음 이 사실을 인식했을 때, 내 마음은 참으로 겸손해졌다), 2장에서 바울은 "거짓 겸손"이라 부르는 것을 두 번이나 경고한다(18절, 23절, 우리말 성경).

거짓 겸손은 옛 삶의 일부이자 옛 자아의 일부다. 거짓 겸손은 우리가 남들 앞에서 쓰는 가면이다. 우리는 그 가면 **뒤에서** 진짜 생각을 한다. 거짓 겸손. 사람들은 가끔 거짓 겸손으로 칭찬을 얻으려 한다. 우리 모두 스스로를 헐뜯는 사람들을 만난 적이 있다. "오, 다들 내게 그렇게 말해요. 난 너무 뚱뚱해요. 너무 멍청해요. 너무 못생겼어요." 그들은 이렇게 말하고 기다린다. 우리가 힘 있는 말로 반박해 주고 그들을 안심시키고 두둔해 주기를 기다린다. 그래서 그들이 자기가 너무 못생겼다고 말하면 우리는 이렇게 대꾸한다. "아뇨, 아뇨. 당신은 **그렇게** 못생기지 않았어요. 난 당신보다 훨씬 더 못생긴 사람을 알아요."

우리는 겸손으로 농간을 부리고 거짓 겸손이 그중 하나다.

겸손과 관련된 또 다른 혼란이 있다. 사람들이 겸손과 굴욕을 마구 뒤섞는 바람에 겸손이 오명을 얻었다. 이 문제는 수백 년 동안 존재했다. 백인이 흑인에게 겸손을 설교하고 남자가 여자에게 겸손을 설교하고 강자가 약자에게 겸손을 설교하는 과정에서 겸손의 메시지는 알아들을 수 없게 되어 버렸다. 그런 설교가 말하는 겸손은 굴욕처럼 느껴진다.

예수님은 이 부분에서 바리새인들을 꾸짖으셨다. 그들은 겸손을 설교하는 일은 정말 잘했지만, 그 설교는 언제나 다른 사람들에게만 향했다.

그래서 한 가지 경고를 덧붙이고 싶다. 그리스도의 마음을 갖는 것은 종의 마음을 갖는다는 것이다. 그러나 이것은 폭군 같은 자들, 곧 예수님의 이름으로 우리가 자기들 신발에 입 맞추기 원하는 자들에게 굴복해야 한다는 뜻은 아니다. 결코 아니다. 그것은 겸손이 아니라 굴욕이다. 우리의 행동으로 사람들의 오만이 강화될 뿐이라면 그 행동은 그들에게 도움이 되지 않는다. 우리가 저항해야 마땅한 사람들에게 굴복한다면 그들을 잘 섬기지 못하는 것이다. 예수 그리스도께서는 동네북이 아닌 종의 형체를 취하셨고, 그리스도의 마음을 원하는 우리는 둘의 차이를 알아야 한다.

미국의 가장 위대한 신학자 조나단 에드워즈는 겸손과 같은 미덕들이 귀중하다고 말했다. 사람들이 미덕을 위조하는 것은 미덕이 귀중하기 때문이다. 우리 주위에는 위조된 미덕들이 많다. 그래서 겸손하고자 할 때는 자신의 마음을 잘 들여다보고 진짜인지 확인해야 한다.

그러면 진짜 겸손은 무엇일까? 성경에서 겸손은 지혜의 일종이라는 것부터 말해 두자. 지혜는 하나님의 세계를 알고 그 세계에 자신을 맞추는 것이다. 겸손한 사람은 현실을 존중하는 건강한 자세를 갖추고 있고 그 현실 안에서 사는 비결을 안다.

이렇게 생각해 보자. 겸손(humility)이라는 말은 '땅'을 뜻하는 라틴어 후무스humus와 어원이 같다. 겸손은 '땅과 밀착된 상태'다. 겸손한 사람은 **발**을 땅에 디딘다. 지상에 있는 그는 현실을 볼 수 있다. 그리고 현실 안에서 자신의 위치를 파악할 수 있다. 겸손한 사람들은 자신을 실제보다 부풀리지 않는다. 잘난 체하지 않는다. 하나님을 아랫사람처럼 생각하지 않는다. 겸손한 사람들은 현실을 직시한다. 그런 다음, 현실에 마음을 열고 잘 파악한다. 선한 것을 기뻐하고 악한 것을 슬퍼한다.

겸손한 사람들은 상황과 사람들과 자신을 **현실적으로 바라본다.** 자기 바깥의 사물과 사람들을 향해 관심의 레이더를 켜둔다. 자신의 상상 너머에 진짜 사물들이 있고, 진짜 사람들이 있고, 붙잡아야 할 진짜 가치들이 있고, 흠모해야 할 진짜 아름다움이 있다고 생각한다. 겸손은 공상이 아니라 현실을 상대하게 하는 지혜의 일종이다. 겸손한 사람은 하나님이 자기보다 높은 분임을 알고 하나님을 하나님으로 대한다. 다른 사람을 자신과 동등한 존재, 동료, 길동무로 기쁜 마음으로 인정하고 그들 및 그들의 삶에 따뜻한 관심을 갖는다.

그에 반해 교만한 사람은 어떤 식으로든 자만심과 나르시시즘에 빠진다. 그는 자만심이 강하여 자신을 합당한 정도 이상으로 대단하게 여긴다. 그가 현실과 동떨어져 있는 것은 자신을 보는 시각이 문제가 있고 부적절하고 이상하기 때문이다. 그의 생각은 비현실적이다. 자신에 대한 그의 시각은 흔히 어느 정도 나르시시즘적이기도 하다. 곧 그는 자기중심적이고 자기에게 몰두해 있고 매료되어 있다. 모임이 끝나면 그 자리에서 들은 말보다는 자신이 한 말에 더 관심이 있다. 그는 자신에 관해 말하고 또 말한 다음 우리를 보고 이렇게 말하는 사람이다. "이것 봐, 그동안 내가 나에 대해서 충분히 떠들었잖아. **넌** 나에 대해 어떻게 생각해?"

이 모든 것은 더없이 어리석은 일이다.

교만한 사람은 자기 자랑을 해야 직성이 풀리는 유치한 욕망에 갇힌다. 앤 라모트(Anne Lamott)에 따르면, 뽐내고 싶어 하는 사람들은 대화 안에 자기 자랑을 슬쩍 밀어 넣는 방법을 찾아낸다. 이런 식으로 말이다. "세상에, 오늘이 비가 많이 오는 날이라구요? 내 기억에는 언젠가 비가 **정말** 많이 내린 날이 있었어요. 내가 구겐하임 상을 받은 해였던 것 같아요."[1]

"여러분이 그리스도와 함께 살리심을 받았으니…… 겸손으로 옷 입으십시오." 겸손한 사람은 현실을 수용할 뿐 자기 입맛대로 바꾸려 하지 않는다. 다른 사람들을 동등한 존재로 수용할 뿐 그들을 자기 마음대로 바꾸려 들지 않는다. 하나님의 높고높은 위엄을 수용할 뿐 그분을 인간의 모습으로 바꾸려고 들지 않는다.

이런 수용은 겸손한 사람 특유의 습관들로 나타난다. 나는 그중 일곱 가지 습관을 제시하고 싶다. 이것을 '겸손한 사람들의 일곱 가지 습관'이라고 부르기로 하자.

1. 겸손한 사람은 다른 사람의 평범한 인간적 결점을 호의적으로 기꺼이 받아들인다. 세련되지 않은 친척들을 부끄러워하지 않고 그들과 함께 있는 시간을 온전히 행복해한다. 남편이 자기만큼 학식이 없어도 그 때문에 다른 사람 앞에서 민망해하지 않는다. 겸손한 사람은 모든 이에게 강점과 약점이 있음을 안다. 다른 사람들의 강점이 자신의 강점을 위협한다고 생각하지 않고, 다른 사람들의 약점 때문에 자신의 스타일이 망가진다고 생각하지도 않는다. 한마디로 자기 바깥에 있는 어떤 것이 자신을 흔들 수 있다고 생각하지 않는다.

2. 겸손한 사람들은 질문을 한다. 그것이 지혜의 길이기 때문이다. 지혜로운 사람들은 사물과 사람들에게 관심을 갖고 질문을 한다. "그 일을 어떻게 해냈어요?"라고 묻는다. "누구한테서 배웠어요?" "그건 왜 그렇게 하는 거예요?" "그것을 제대로 이

해했다는 걸 언제 알았어요?" "어떻게 신앙을 갖게 되었어요?" 지혜로운 사람은 자신의 무지를 드러내는 질문도 개의치 않고 던진다. 가만히 있어서 무지를 유지하는 것보다는 질문을 해서 무지를 떨치는 쪽을 선호한다. 지금 대화하는 상대의 이름을 알아야 마땅한데 모르는 상태라면 그는 물어볼 것이다.

3. 겸손한 사람은 자신에 대해 말해 달라고 할 때까지 기다린다. 자신의 삶이 다른 사람들에게 당연히 흥미로울 거라고 생각하지 않는다.

4. 겸손한 사람은 잘 받는다. 하나님이 주시는 좋은 것들, 다른 사람들이 건네는 좋은 것들을 열린 마음, 감사한 마음으로 받는다. 다른 사람들과 하나님으로부터 벗어나 독립해야 한다고 생각하지 않는다. 흔쾌히 감사하다고 말하고 기꺼이 고마워한다. 선물이 주어지면 착한 어린아이처럼 받는다. 비교하거나 불평하지 않는다. 선물을 받을 때마다 매번 냉소적이 되어 이렇게 묻는 일이 없다. "자, 이 선물이 무슨 의미일까?" 겸손한 사람은 예수님의 말씀처럼 아이가 하나님 나라를 받아들이는 방식으로 선물을 받는다.

5. 겸손한 사람은 자녀들을 자기 모습과 비슷하게 바꾸려 들지 않는다. 자녀들을 자신의 프로젝트나 발명품으로 생각하지 않는다. 그들에게 자녀는 하나님의 선물이자 하나님의 프로젝트다. 그래서 하나님이 그들을 일부 책임지시도록 맡긴다. 지혜

로운 부모는 자녀가 부모를 덜 의존하고 **하나님**이 원하시는 사람으로 성장하기를 원한다. 분명히 말해 두지만, 이것은 힘든 일이다. 부모는 자녀가 성장하기를 원하면서도 막상 그렇게 되면 아픔을 느끼기 때문이다.

6. 겸손한 사람은 유머와 반어가 넘친다. 자신과 자신의 겸손에 대해서 특히 그렇다. 맥 데이비스(Mac Davis)의 오래된 발라드에 정확히 이런 특성이 담겨 있다.

오 주님, 겸손해지는 건 힘들어요. 모든 면에서 완벽한 저에 겐 말이죠.
빨리 거울을 들여다보고 싶어요. 저는 매일 더 멋있어지네요.

뻣뻣한 교만의 해독제는 웃음이다. 자신을 비웃을 수 있는 사람과는 다들 함께 있고 싶어 한다.

7. 겸손한 사람들은 자신의 죄를 시인한다. 자신의 어리석음은 비웃지만 죄는 슬퍼한다. 그 다음, 세상 죄를 제거하시는 하나님의 어린양을 굳게 붙든다. 그들은 하나님의 어린양이 자신들의 죄도 지고 제거하실 것임을 신뢰한다.

우리는 자신의 죄로 정말 슬퍼하는 일이 드물기 때문에 그런 일이 일어나는 것을 볼 때는 거룩한 땅에 들어선 것 같은 느낌을 받게 된다. 나는 한 열 살배기 소년의 이야기를 안다. 소년을 켄이라고 부르겠다. 켄은 기독교 학교에 다니지만 지나치게 활동적이고 충동적인 탓에 수업에 잘 집중하지 못한다. 가만히 앉아 있지 못하고 차분하게 말하지도 못하고 마음을 열고 지식을 흡수하지도 못한다. 켄은 똑똑한 아이고 하나님을 사랑한다. 하나님을 정말 사랑하지만 수업 시간에 경청하는 것은 그에게 너무 어려운 일이다. 그의 영혼 안에서 휘몰아치는 폭풍의 소리가 너무나 요란하기 때문이다.

이것저것 시도한 끝에, 켄의 담임교사는 계획을 세웠다. 켄이 너무 흥분해서 수업에 잘 참여하지 못할 때 그에게 신호를 보내는 것이었다. 그러면 켄은 교실을 나가 체육관까지 힘차게 걸어갔다 오기를 세 번 반복했다. 한번 갔다 오면 교실 문 앞에서 '한 번'이라고 손짓을 하고, 두 번째 갔다 와서는 교실 문 앞에서 '두 번'이라고 손짓을 하는 식이었다. 체육관까지 갔다 오는 일은 켄에게 도움이 되었다. 그렇게 하고 나면 얼마 동안 흥분이 가라앉고 차분해졌다. 그러다가 좀 지나면 또 체육관에 갔다 와야 했지만.

어느 날 켄은 유난히 격앙되었다. 정말 흥분한 상태여서 담임교사는 켄에게 신호를 보냈다. 켄은 문밖으로 나가 체육관으로 향했다. 늘 하던 대로 한 번 갔다 올 때마다 손가락으로 횟수를 표시했다. 하나, 둘, 마침내 셋. 그런데 문제가 있었다. 사실 이날 켄은 체육관까지 갔다 오지 않았던 것이다. 정오 쯤 선생님은 믿을 만한 증인들을 통해 켄이 모퉁이를 돌자마자 주저앉아서 체육관에 한 번 갔다 오는 데 걸릴 시간을 헤아렸다는 걸 알게 되었다. 그렇게 세 번을 하고 그때마다 횟수를 알리는 손짓을 했던 것이다.

자, 담임교사는 그 문제를 정면으로 지적했다. "켄, 너는 내게 사실대로 말하지 않았어. 체육관까지 갔다 오지 않았는데 갔다 왔 다고 했어. 그건 정직하지 못한 일이야. 네가 이 문제에 대해서 생 각하고 내일 내게 말해 줬으면 좋겠다."

방과 후, 켄의 담임교사가 교실에 있을 때 동료 교사가 들어왔 다. 그는 켄이 학교 후문 바깥에 앉아 있는 것을 보았다고 했다. 아 이는 두 손으로 머리를 가리고 울고 있었다. 동료 교사가 무슨 일 이냐고 묻자 켄은 고개를 들더니 울면서 이렇게 말했다. "저는 정 직하지 못해요." 그 말을 하는 아이의 목소리에 불안이 가득했기 에 동료 교사는 아이 옆에 앉아 하나님과 동행하는 사람이 건넬 수 있는 긍휼과 확신으로 그를 위로했다.

"저는 정직하지 못해요." 나는 성령께서 아이에게 이 말을 주 셨다고 믿는다. 그날 학교 후문에서 모종의 죽음과 부활이 일어났 다고 믿는다. 그리고 그것은 예수 그리스도와 함께 죽고 부활한 일 이었다고 생각한다. 우리가 자신을 그분의 손에 맡기면, 바다에서 폭풍을 잠잠케 하셨던 은혜가 우리 안에 들어와 영혼의 폭풍을 잠 재울 수 있다. 자신의 잘못된 부분을 인정함으로써 그리스도와 함 께 죽는 일은 고통스럽다. 그러나 그렇게 죽을 때, 우리는 하나님의 은혜를 받는다. 그 은혜가 우리를 일으키고 하나님께 손을 뻗게 해준다. 우리는 일어선다. 하나님의 아들딸로 우뚝 일어나고 예수님이 무덤에서 나오신 것처럼 세상으로 걸어 나간다.

"여러분이 그리스도와 함께 살리심을 받았으니……겸손으로 옷 입으십시오." 겸손은 그리스도와 함께 부활한 사람들에게 어울리는 덕목이다. 겸손은 하나님의 백성이 입는 가족 유니폼의 일부이다.

오 주 예수 그리스도, 하나님의 아들이시여,
나를 불쌍히 여기소서.
오 주 예수 그리스도, 하나님의 아들이시여,
나를 불쌍히 여기소서. 나는 죄인입니다.
오 주 예수 그리스도, 하나님의 아들이시여,
나를 불쌍히 여기소서. 나는 죄인입니다.
내게 당신의 평화를 주소서. 아멘.

멀리 떨어져 있는 모든 사람

행 2:1-4, 14-24, 36-42

이 약속은 여러분과 여러분의 자녀와 또 멀리 떨어져 있는 모든 사람, 곧 우리 주 하나님께서 부르시는 모든 사람에게 주신 것입니다(행 2:39, 새번역).

데이빗 로스(David Loth)라는 작가는 그의 책 『위대한 로렌초』(*Lorenzo the Magnificent*)에서 로렌초 데 메디치(Lorenzo de' Medici)에 관해 들려준다. 로렌초는 평생 많은 관심을 받으면서 살았다. 그도 그럴 것이 로렌초는 모략을 많이 꾸민 사람이었고, 그 대부분은 정치적 모략이었기 때문이다. 그는 은행업을 기반으로 이탈리아 르네상스 기간에 피렌체를 지배했던 유명한 메디치 가문의 일원이었다. 하지만 로렌초는 은행 일에 많은 시간을 쓰지 않았다. 그에게 은행업은 너무 조용한 일이었다. 너무 질서정연했다. 로렌초는 외교와 정치를 좋아했고, 정치적 성공을 위해 군중을 끌어모으고 그들의 환호성을 자아낼 구경거리를 만들었다. 그는 축제를 열고 야외극을 열었다. 눈이 번쩍 뜨이는 구경거리들을 하나씩 하나씩 내놓았다. 그런 행사들은 예술과 종교로 가득했지만 무엇보다 로렌초로 꽉 차 있었다. 로렌초 데 메디치. 위대한 로렌초가.

로렌초 이야기에 따르면, 언젠가 그는 이전보다 훨씬 뛰어난 성령 강림절 야외극을 제작했다. 무대 위쪽 삭구 장치에서 실제 불꽃을 달아내어 사도들의 머리 위에까지 오게 한 것이다. 그런데 문제가 발생했다. 불붙은 재료가 무대 세트와 벽걸이와 장식들에 닿으면서 무대가 불길에 휩싸였고, 교회 전체가 타버린 것이었다.

위대한 로렌초.

그런데 해퍼드 루코크(Halford Luccock)는, 로렌초가 저지른 이 사고가 성령 강림절이 위험할 수 있음을 상기시킨다고 말했다.[1] 성령의 부어짐이 정말로 있다면, 우리는 그 혜택만이 아니라 대가도 계산해야 할 것이다. 성령은 예측할 수 없기 때문이다. 성령은 바람처럼 원하시는 곳에서 부신다. 성령은 불을 일으키시는데 그 불은 통제하기 어렵다. 성령은 전혀 뜻밖의 방식으로 사람들의 삶을 변화시키고, 그 변화 중 일부는 고통을 초래한다.

개혁파 신앙을 고백하는 우리는 성령 강림절마다 늘 하는 일이 있다. 축하를 자제한다. 불을 통제한다. 성령 강림절이 은행에서 보내는 하루처럼 느껴지게 한다. 그리고 알다시피, 같은 지역에 있는 은사주의 계통의 형제자매들을 둘러보며 조금 긴장한다. 우리는 그들이 예배 시간에 하는 몇 가지 일에 대해 들었고, 그것 때문에 안절부절못한다. 우리는 이렇게 생각을 정리한다. 그것은 성령의 다양한 은사가 다양한 그리스도인들에게 주어지는 사례라고 말이다. 그들은 치유와 방언과 방언 통역의 은사를 받았고, 우리는 교회 질서의 은사를 받은 것이다. 그들은 열정(ardor)을 받았고 우리는 질서(order)를 받았다. 동일한 성령, 다른 은사다.

그러나 둘 중 어느 것도 성령 강림절의 중심으로 우리를 데려가지 못한다. 어느 것도 우리를 그날의 핵심 사건으로 데려가지 못한다.

앞에서 우리는 사도행전 2장의 하나님 말씀을 읽었다. 우리가 읽은 책의 제목은 '사도행전'이지만, 그 제목과 내용이 딱 들어맞진 않는다. 이 책에 담겨 있는 것은 28장에 걸친 **하나님의** 행위, 곧 인간 대리인을 통해 이루어진 하나님의 능하신 행위들이기 때문이다. 바울의 선교 여행은 세상을 상대로 한 **하나님의** 선교다. 베드로가 앉은뱅이 거지를 치유한 일은 **하나님이** 행하신 치유다. 사도들이 재판을 받을 때 피고석에 **하나님이** 계셨다.

사도행전 전체가 이런 식이다. 사도들의 행위는 곧 하나님의 행위이고, 성령 강림이라는 가장 강력한 행위의 주체 역시 하나님이시다.

사도행전 2장을 읽다 보면 바람과 불과 방언이 우리의 관심을 끈다. 어느 날 강한 바람이 불어오는 것 같은 소리, 토네이도 소리, 화물 열차 소리가 난다. 그 다음 하나님이 제자들에게 불을 붙이신다. 우리는 화가들이 그린 것 같은 불의 혀를 마음의 눈으로 본다. 제자들의 머리 바로 위에 있는 아몬드 모양의 불꽃 말이다. 그런데 누가는 불이 어디에 임했는지 말하지 않는다. 어쩌면 그 불은 그들의 마음에 임했을 것이다. 어쩌면 뱃속에 임했을 것이고, 어쩌면 누가의 말놀이가 암시하듯, 그들의 혀에 임했는지도 모른다. 방언으로 말하는(speak in tongues) 제자들에게 임한 불의 혀(tongue of fire). 하나님이 인간의 혀를 즐겁게 사용하시는 일을 두고 누가가 펼치는 말놀이다.

우리는 오순절(성령 강림절)에 대해 읽으며 그 안에서 바람 소리를 듣고 불을 본다. 사람들은 언제나 이런 자연계의 작용에 매료된다. 그러나 불과 바람과 혀는 오순절의 핵심 사건이 아니다. 관심을 끄는 용도일 뿐이다. 그것들은 성령께서 다시 활동하신다는 신호다. 그것들은 하나님이 뭔가 큰일을 하려 하신다고 말해 준다. 창조, 출애굽, 죽은 자들의 부활 같은 어떤 일을.

그러면 하나님이 하시는 이 큰일은 무엇일까? 오순절에 일어난 일은 유대인 베드로가 예수 그리스도를 동포 유대인들에게 전한 것과 **그들이 마음에 찔림을 받은** 것이다. 베드로는 "너희가 법

없는 자들의 손을 빌려 [예수님을] 못 박아 죽였으나 하나님께서 그를……살리셨"(행 2:23-24)고 말한다. 이것이 베드로의 메시지다. 청중이 이런 메시지를 전한 사람을 죽이지 않는다는 것은 기적이다. 그들이 자신들의 죄 때문에 큰 충격을 받는다는 것은 기적이다.

동서남북에서 유대인들이 칠칠절을 지키러 예루살렘에 와 있었다. 베드로가 그들에게 말한다. "너희가 십자가에 못 박은 이 예수를 하나님이 주와 그리스도가 되게 하셨느니라"(2:36). 다시 말해, 너희가 예수님을 살해했지만 하나님이 그분을 살리셨다는 것이다. 다윗 왕은 죽었지만 주 예수님은 살아 계시다. 너희는 끔찍한 일을 저질렀지만, 하나님이 놀라운 일을 행하셨다.

그리고 그의 말을 들은 사람들이 그 내용을 믿었다!

한번 생각해 보라! 누군가가 우리를 비난할 때 우리는 어떻게 하는가? 우리가 지목된 이유를 모르겠다고 말한다. 너나 잘하라고 말한다. 네가 뭐라고 나를 판단하느냐고 따진다.

우리는 그렇게 말하는데, 여기 군중은 그렇게 하지 않는다. 예수님에 대해 듣고 마음에 찔림을 받는다. 자신들이 죄인임을 인정하고, 방금 칼에 찔린 사람처럼 비명을 지른다. 자신의 죄에 대한 후회, 슬픔, 경악의 부르짖음이다. 이 부르짖음은 중생의 역사만큼이나 오래된 것이다. 그들은 말한다. 우리가 어찌할꼬? 어떻게 해야 구원받을 수 있습니까?

그러자 베드로는 유서 깊은 선명한 메시지를 전한다. 회개하라. 세례를 받으라. 죄 용서를 받으라. 성령을 받으라. 다시 말해, 어떤 눈도 보지 못한 것, 어떤 귀도 듣지 못한 것, 인간의 마음이 상상도 하지 못한 것을 받아들이라는 것이다.

베드로는 부패한 세대의 육중한 갑옷을 입고 있는 유대인들에게 그리스도를 전했다. 하나님의 영은 그 갑옷을 뚫고 그들의 마음속으로 들어가 그들을 구원하셨다.

그런데 우리는 하나님의 강력한 행위들을 감상적인 것으로 여긴다. 성육신, 대속, 부활, 승천, 오순절. 이런 것들에 대해 이렇게 생각한다. 하나님이 우리와 관계를 맺기 원하시는구나. 우리와 동질감을 느끼고 싶어 하시는구나. 하나님은 사람의 육신을 입으심으로써 우리를 명예롭게 하기 원하시는구나, 하고 말이다. 이런 생각들이 맞을 수 있지만, 가장 중요한 내용은 아니다. 성령께서 활동하기 시작하시고 하나님이 본격적으로 행동에 나서시면 놀라운 일이 벌어진다. 오순절에 하나님은 천지 창조 자체만큼이나, 죽은 자들의 부활만큼이나 극적인 기적으로 죄인들을 구원하신다. 사도행전 2장에 나오는 오순절의 기적, 성령의 기적, 전능하신 하나님의 기적은 인간 마음의 중생이다. 이 기적으로 인해 사람들은 자기 죄를 고백하고 하나님의 은혜를 받아들이고 온 세계로 뻗어나가는 예수 그리스도의 교회에 합류한다.

이것이 요엘 선지자가 기록했던 약속이다. 하나님의 영이 부어지면 어떤 일이 일어날까? 그렇다. 꿈을 꾸고 환상을 보는 온갖 아름다운 일들이 일어난다. 그렇다. 이목을 끄는 일들, 하늘의 징조와 땅의 표징이 나타난다. 그렇다. 하지만 요엘에 따르면, 하나님의 성령이 자비의 강물처럼 부어질 때 일어나는 주된 일, 큰일은 "누구든지 주의 이름을 부르는 자는 **구원을**" 받는 것(행 2:21. 욜 2:32 참조)이다.

이것은 약속이다. 성령의 선물이다. 그런데 이 약속은 누구를 위한 것인가? 상상도 못할 만큼 아름다운 구절에서 베드로는 이렇게 말한다. "이 약속은 여러분과 여러분의 자녀와 또 멀리 떨어져 있는 모든 사람, 곧 우리 주 하나님께서 부르시는 모든 사람에게 주신 것입니다"(행 2:39. 새번역). 하나님은 언제나 사람들을 부르신다. 주님이 이렇게 말씀하신다. 내게로 오너라. 내게 돌아오너라. 아직 시간이 있다. 아직 여유가 있다. 너를 위한 자리가 아직 있다. 예루살렘에서 시작된 이 약속은 유대와 사마리아로 퍼지고 지상의 다른 지역으로도 뻗어 간다. 다시 말해 이 약속은 당신과 당신의 자녀와 멀리 떨어져 있는 모든 사람에게 주신 것이다.

내 친구 톰 롱(Tom Long)이 언젠가 내게 말해 준 놀라운 사실에 주목해 보자. 이 약속은 '멀리 떨어져 있는' 사람들에게 주신 것인데, 누가는 이 문구를 이중적 의미로 쓰고 있다. 이것은 북서쪽으로 멀리 떨어진 로마에서 온 유대인들만 말하는 게 아니다. 너무 떨어서 예루살렘까지 며칠 동안 배를 타고 와야 했던, 지중해 유역 전역의 이방인들만 말하는 것도 아니다. 누가는 우리가 '멀리 떨어져 있는' 사람들에 대해 듣고 하나님으로부터 멀리 떨어져 있는 이들까지 생각하기를 바란다.

"멀리 떨어져 있는." 누가는 이 구절을 '마크란'이라는 단어로 표현하는데, 그 전에 이미 같은 어원의 단어들을 쓴 바 있다. 누가복음에서 '멀리 떨어져 있는' 이들은 누구인가? 누가복음 15장의 탕자를 생각해 보라. 그는 집으로 오고 있었다. 그가 아직 마크란일 때 아버지가 그를 보고 측은히 여겼다(15:20). 그가 아직 멀리 떨어져 있을 때 말이다. 그리고 누가복음 18장의 바리새인과 세리의 비유를 보자. 세리는 로마인들을 위해 더러운 일을 했고 본인도 그 사실을 잘 알았다. 예수님은 세리가 멀리 떨어져 서 있었고 감히 하늘을 쳐다보지도 못했다고 말씀하신다(18:13). 탕자도 세리도 멀리 떨어져 있다.

또 누가 있을까? 예수님이 잡히셨을 때 베드로는 잔뜩 겁을 먹었다. 누가복음 22장에서 누가는 베드로가 멀찍이서 예수님을 따라갔다고 말한다(22:54). 베드로는 **멀리 떨어진 채** 주님을 따라갔다.

탕자들, 세리들, 심지어 사도들도 해당된다. 구원하신다는 하나님의 약속은 누구에게 주어진 것일까? 베드로는 그 약속이 누구보다 자신을 위한 것임을 안다. 주님을 부인했던 그였기에 안다.

그래서 오순절에 베드로는 일어나서 "이 약속은 여러분과 여러분의 자녀와 또 멀리 떨어져 있는 모든 사람, 곧 우리 주 하나님께서 부르시는 모든 사람에게 주신 것"이라고 말한다. 그 약속이 심지어 자신과 같은 사람들에게도 주어졌다고 말한다.

여기에 담긴 복음이 들리는가? 중생케 하시는 하나님의 은혜는 우리를 위한 것이다. 우리에게 그 은혜가 얼마나 필요한지! 그 은혜는 우리 자녀들에게 주신 것이다. 오, 그들에게 그 은혜가 얼마나 필요한지. 그 약속은 멀리 떨어져 있는 모든 사람에게 주신 것이다. 그들 중에는 우리에게 **속한** 이들이 있다. 우리 자녀, 부모님, 형제자매, 친구들, 하나님으로부터 멀리 떨어져 있지만 우리에게 소중한 이들이다.

그들을 어떻게 생각해야 할까? 하나님으로부터 멀리 떨어져 있는 가족들을 어떻게 생각해야 할까? 우리는 성령 강림절의 정신으로 그들을 생각해야 한다. 성령이 한량없이 부어졌기 때문에 하나님의 자비는 그들에게도 주어진다! 그들은 모르고 있지만, 성령 강림절은 그들의 날이기도 하다. 지금 우리는 하나님이 누구신지를 이야기하고 있고, 베드로는 하나님이 팔이 아주 긴 데다가 멀리 떨어져 있는 이들에게 손 내밀기를 좋아하신다고 말한다.

성령 강림절! 그렇다, 그날의 중심에는 바람과 불과 방언이 있다. 그것들이 우리의 주목을 끈다. 성령 강림절의 중심에는 성령의 은사와 성령의 열매가 있다. 그리고 무엇보다 우리 구주 하나님의 강력한 행위가 있다. 그분은 잃어버린 죄인들이 집으로 돌아오게 하시고자 그들에게 은혜를 겨누신다.

찬송가 「나 같은 죄인 살리신」(Amazing Grace)을 지은 존 뉴턴 (John Newton)은 자신에게 카이사르 같은 야심이 있었다고 말한다.[2] 그는 냉정한 사람이었고 불경한 사람이었다. 영국산 제품을 아프리카 노예들과 맞바꾸었고 그 노예들을 선창에 정어리처럼 빽빽하게 채워 넣었다. 뉴턴의 일기에는 그가 노예들을 원수처럼 대했다는 대목이 있다. 그러나 바다에 폭풍이 친 어느 밤, 성령께서 불기 시작하여 존 뉴턴의 주의를 끄셨다. 그날, 성령께서 존 뉴턴의 마음에 들어가서서 오순절의 역사를 재현하셨고, 그가 새 언어로 말하기 시작했다. 그의 입에서 이런 말이 나왔다. "주여, 불쌍히 여기소서." "주여, 우리를 불쌍히 여기소서."

"주여, 불쌍히 여기소서." 노예들에게 자비를 베풀지 않았던 사람이 주님께 자비를 베풀어달라고 간청했다. 뉴턴은 주님의 이름을 불렀고 구원받았다. 그 약속은 멀리 떨어져 있는 모든 사람에게 주신 것이기에 주님은 존 뉴턴에게 자비를 쏟아부으셨다. 한량 없는 자비가 그의 냉혹한 마음에 들어갔고, 그 중 일부가 흘러나와 가장 사랑받는 영어 찬송가 「나 같은 죄인 살리신」가 되었다. 뉴턴은 알았다. 하나님의 은혜가 놀라운 것은 그 은혜가 자격 없는 사람들에게 흘러가서만은 아니다. 그것이 너무나 후하고 풍성하기 때문만은 아니다. 하나님의 은혜의 놀라운 점은 그것이 우리의 갑옷을 통과하고 우리 마음을 꿰뚫을 수 있다는 데 있다.

위대한 아프리카계 미국인 소프라노 제시 노먼(Jessye Norman)은 뉴턴이 그의 가사에 붙인 곡조가 노예들한테서 들은 것이었을 거라고 추측한다.[3] 하나님의 놀라운 은혜로 노예의 노래가 자유의 노래로 변했다. 존 뉴턴은 이 노래로 전 세계에 성령 강림절을 선포했다. 한때 잃어버린 자였던 나, 이제 찾은 바 되었네. 눈먼 자였으나 이제는 보네.

어째서? 물론 그 약속 때문이다. 은혜의 약속은 우리와 우리 자녀와 멀리 떨어져 있는 모든 사람에게 주신 것이기 때문이다. 하나님은 얼마나 경이로운 분인지. 이 얼마나 하나님다운 모습인지. 그 약속은 멀리 떨어져 있는 모든 사람에게 주신 것이다. 이 말은 우리 중 어떤 이들에게도 이 약속이 주어졌다는 뜻이다. 몸은 교회에 나가지만 마음은 멀리 떨어져 있는 우리에게도. 그 약속은 우리에게도 주어졌다.

놀라운 은혜의 하나님,
내 굳은 마음을 꿰뚫으시고 나를 구원하소서.
그리고 남은 나날 동안 나를 계속 구원하여 주소서.
예수님의 이름으로 기도합니다. 아멘.

환대를
실천하십시오

19

롬 12:9-13

환대를 실천하십시오(롬 12:13, 사역).

얼마 전부터 에티켓에 관한 책들, 특히 '미스 예의'로 불리는 주디스 마틴(Judith Martin)의 글을 읽기 시작했다. 그녀는 대부분의 에티켓이 예의 바름이라는 것을 가르쳐 주었다. 그리고 대부분의 예의 바름이 선량한 풍속에 속한다는 것도.

물론 그녀는 어떻게 먹어야 하는지, 무엇을 입어야 하는지, 청첩장은 언제 보내야 하는지 알려 준다. 하지만 그 이면에서 그녀가 실제로 말하는 것은 정의 또는 사랑이다.

가끔 미스 예의는 아주 기본적인 이야기를 한다. 예를 들면 모든 부부에게는 '그 표정'이라고 부를 만한 사회적 장치가 필요하다고 말한다. 그것은 다른 사람들은 분별하지 못하지만 배우자는 놓치지 않는 얼굴 표정이다. 모종의 사교의 장에서 그 표정을 지으면 배우자에게 이렇게 말하는 것이다. "조심해요! 지금 뭔가 단단히 잘못되었으니까!"

예를 들면? 이런 의미일 수도 있다. "조심해요! 당신이 불평하는 그 사람은 지금 당신 앞에 있는 여자분의 시동생이라고요." "조심해요! 지금 당신의 이야기를 듣는 사람이 전에 그 이야기를 당신에게 해준 사람이에요." "저기, 여보. 사람들이 당신 말에 주목하지 않는 건 당신 턱에 뭔가 묻어서예요."[2]

그 표정이 예절을 챙기는 문제만이 아님을 우리는 안다. 그것은 생존 도구다. 그러므로 그 표정을 짓는 것은 사랑의 행동이다.

예의 바름은 대체로 선량한 풍속에 속한다. 예의 바름과 선량한 풍속의 한 가지 공통점은 이 둘을 가진 좋은 사람들이 사려 깊다(thoughtful)는 것이다. 사려 깊음의 두 가지 의미 모두에서 그렇다. 그들은 다른 사람들에게 친절할 뿐 아니라, 다른 사람들에 대해 깊이 생각한다. 보통은 깊이 생각하기 **때문에** 친절하다. 그들은 다른 사람들과, 그들을 잘 대우하는 법에 대해 생각한다. 그리고 그 생각에 충실하게 사람들을 대한다. 가령 음성사서함에 전화번호를 남길 때는 상대가 쉽게 받아 적을 수 있도록 번호를 천천히 말한다. 사람을 만나면 적극적으로 이름을 묻고 그 이름을 기억한다.

예의 바르다는 것의 핵심은 이런 식의 사려 깊음이다. 사려 깊은 사람은 **다른 사람들을 위한 자리를 마련하고 그들이 그곳에서 번성하도록 돕는다.**

다시 말해 사려 깊은 사람은 환대를 실천한다. 그렇게 하면서 그 사람은 그리스도와 함께 죽고 부활한 사람들의 무리에 어울리는 존재가 된다.

바울은 로마서에서 인간의 죄와 하나님의 구원에 대해 몇 장에 걸쳐 말한다. 그리고 끝부분에 다가가자 하나님의 사랑의 햇빛을 받고 살아난 사람들에게 걸맞은 행동들을 말한다. "사랑에는 거짓이 없어야 합니다. 악한 것을 미워하고, 선한 것을 굳게 잡으십시오.……성도들이 쓸 것을 공급하고, 환대를 실천하십시오"(롬 12:9, 13, 사역).

환대를 베풀 때 우리는 다른 이들에게 공간을 내주고 그들을 그리로 환영한다. 사람들을 위해 자리를 마련하고 그 자리로 그들을 반갑게 맞이한다.

환대라고 하면 자연스럽게 우리는 사람들을 초대하여 식사를 대접하는 일을 가장 먼저 떠올린다. 왜 아니겠는가? 손님에게 음식을 대접하는 것은 의미심장한 일이다. 손님 대접은 우리와 손님을 하나 되게 한다. 다른 사람에게 음식을 건네는 것은 나는 당신이 살았으면 좋겠습니다, 더 나아가 번성했으면 좋겠습니다, 하고 말하는 일이기 때문이다. 손님에게 음식을 건네는 것은 **성례전적** 행동이다.

그것은 천국에서 기억되는 행동이다. 식사 대접은 작은 일이지만 천국의 리히터 척도에 기록된다.

모든 복음서를 통틀어 최후 심판을 가장 생생하게 묘사한 대목인 마태복음 25장의 양과 염소의 비유에서 예수 그리스도께서 가장 먼저 지적하시는 내용을 생각할 때마다 나는 깜짝깜짝 놀란다. 민족들을 나누는 기준이 무엇인가? 천국에 합당한 사람을 어떻게 분별하는가?

환대가 있는지 보면 된다. "내가 주릴 때에 너희가 먹을 것을 주었고 목마를 때에 마시게 하였고 나그네 되었을 때에 영접하였고"(마 25:35).

나그네를 기꺼이 영접하겠다는 마음. 굶주린 사람에게 음식을 나눠 주겠다는 의지. 이런 소박해 보이는 미덕에 한 사람의 운명이 달려 있을 거라고 누가 생각이나 했겠는가?

그러나 우리의 운명을 거론하기 전에 먼저, 우리는 기본부터 실천해야 한다. 환대는 다른 이들을 위해 자리를 마련하는 여러 **작은** 행동과 습관들로 이루어지고 표현된다. 미스 예의는 이런 행동과 습관들 중에 두 가지를 제시했고, 나는 거기다 몇 가지를 덧붙였다.

이제 환대하는 사람들의 몇 가지 작은 습관을 정리해 본다.

1. 환대하는 사람들은 슈퍼마켓 통로에서 쇼핑 카트를 끌거나 진열대 옆에 카트를 세울 때 통로 가운데를 차지하지 않고 우측으로 붙는다. 그들이 통로 가운데에 카트를 세워 놓고 있다면, 그 카트에다 작고 비싸고 왠지 창피한 물품들을 슬며시 던져 놓아도 괜찮다.

2. 환대하는 사람들은 차를 몰고 나갈 때, 느린 차량 뒤에 바짝 붙어서 혼을 내지 않는다. 그들은 그런 운전자들도 여유 있게 대한다.

3. 환대하는 사람들은 공용 커피포트에서 마지막 커피 한 잔을 따라 마실 때, 다음 사람들을 위해 커피를 좀 더 내려 놓는다.

4. 환대하는 사람들은 상대가 말하는 도중에 끼어들지 않는다. 그가 문장을 마칠 때까지 기다리고 편안하게 말할 수 있게 해 준다.

5. 비행기에서 이들은 다른 사람들이 수하물을 올려놓을 수 있도록 머리 위 짐칸에 공간을 남겨 둔다.

6. 대화중에 이들은 다른 사람을 궁지로 몰아넣는 말을 하지 않는다. 이를테면 이런 말들 말이다. "이제 제가 지루하실 것 같아요. 그렇지요?" "그냥 듣기 좋으라고 하시는 말씀이잖아요." "장담하건대, 다른 사람이랑 결혼할 걸 하고 후회할 때가 가끔

있을 거예요." 이런 말들은 다른 사람들을 곤란하게 만든다.[3]

7. 교회에서 이들은 구도자들에게 자리를 마련해 준다. 기독교 가정에 속한 구도자들, 우리 모두의 마음속 구도자적 면모마저 배려한다.

8. 환대하는 사람들은 다른 사람들의 실수에 너무 빡빡하게 굴지 않는다. 모든 것을 바로잡으려 하지 않는다. 물론 내가 일하는 칼빈대학교에서 학생들은 일정량의 엄격한 교정을 받기 위해 수업료를 낸다. 교정은 교육의 한 방법이다. 그러나 학교에서 이루어지는 교정도 그 방식에 따라 많은 것이 달라진다. 능숙한 교사는, (그런 교사를 만나본 이들은 다들 알다시피) 학생을 바로잡는 일과 격려하는 일을 동시에 해낸다. 교정받는 일은 고통스럽고 때로는 그 아픔이 오래가지만, 학생은 자신이 좋은 교육을 받고 있음을 느낄 것이다.

9. 환대하는 사람들은 상대방이 자신의 이름을 기억하도록 돕는다. 다가와서 바로 자신의 이름을 말해 주는 사람들에게 축복이 있기를. 그렇게 해주면 엉터리 추측을 거듭하다가 결국 서로 마음 상하는 일을 방지할 수 있다. 사람들을 만날 때 자신의 이름을 많이 말하라. 그렇게 하면 사람들이 여유를 가질 수 있고 그런 여유는 잘 지내는 데 도움이 된다. 그리고 대화 상대가 **본인의** 이름을 알려 주지 않거든, 뭔가 공모하는 눈빛으로 그들에게 이렇게 속삭여 보라. "죄송합니다만, 혹시 본인 성함을

잊어버리신 건 아니지요?"

이 모든 습관은 바울이 한 말과 일치한다. "사랑에는 거짓이 없어야 합니다.……성도들이 쓸 것을 공급하고, 환대를 실천하십시오."

작게 시작해도 괜찮다. 위에서 언급한 운전 습관과 쇼핑 습관은 좋은 출발점이 될 수 있다. 그러나 기억해야 할 것이 있다. **작은 행동들이 쌓이면 훈련이 되고, 훈련은 습관이 되고, 습관은 인격의 일부로 자리 잡고, 인격은 운명의 일부가 된다**는 것이다. 이것은 인생이 나아가는 방식이다. 이런 식으로 환대의 덕이 이루어질 때, 우리는 살 만한 공동체를 얻게 된다. 사람들이 다른 사람들, 특히 낯선 이들에게 자리를 만들어 주는 공동체 말이다. 이런 좋은 공동체 안에서는 사람들이 노숙자들을 위한 쉼터와 집이 비좁고 불편한 이들을 위한 거처를 건설한다. 사람들은 난민들에게 거처를 제공하고 이주민들을 환영하고 유학생들을 지원한다.

그들은 자기 나라가 모든 민족과 언어와 백성이 모인 천국과 비슷해 보이는 것이 나쁘지 않다고 생각한다. 물론 이민 규정은 있어야 하겠지만, 나는 지금 인간을 향한 환대를 말하는 것이다. 은행의 현금 지급기를 이용할 때 사용 언어를 영어로 할지 스페인어로 할지 기계가 물으면 어떻게 반응하는가? 다른 언어를 쓰는 사람들을 어느 정도까지 배려할 의향이 있는가? "영어 또는 스페인어?"라고 묻는 현금지급기 화면은 우리를 영적 도전 앞에 세운다. 우리의 반응은 짜증인가? 순전히 스페인어 복습 차원에서 스페인어를 선택하는가?

"사랑에는 거짓이 없어야 합니다." 그런데 세상에는 환대의 영웅들이 있다. 대중 사회에서 야단법석을 떠는 사람들은 잊으라. 록 스타들은 잊으라. 그들은 영웅이 아니라 유명인일 뿐이다. 진짜 영웅은 낯선 이들을 환영하는 너그러운 사람들이다. 모험심과 유머 감각이 있는 사람들이다. 그들은 자기 성취를 인생의 목표로 삼지 않는다. 혹시 그런 경우가 있다면, 그들은 다른 이들을 배려하는 일을 잘하는 것이 자기 성취라고 말할 것이다. 우리는 그 일을 하도록 만들어진 존재다!

우리는 다른 사람들의 성장을 도움으로써 성장한다. 다른 사람들이 번성하도록 도울 때만 번성한다. 우리는 하나님의 형상대로 창조되었기 때문이다. 하나님 안에야말로 환대를 기쁘게 주고받는 일이 가득하다. 요한복음은 성부께서 성자 안에 계시고 성자는 성부 안에 계시면서 서로를 사랑하시고 영화롭게 하신다고 말한다. 각 위격은 끊임없는 접근과 받아들임을 통해 존재의 중심에서 다른 위격들을 품으신다. 환대는 삼위일체 하나님의 생명에서 시작되고 피조물들에게 아름답게 퍼져 나간다.

창조 행위 자체가 이 패턴에 딱 들어맞는다. 하나님은 창조 안에서 하나님의 살아 있는 형상인 인간을 위한 자리를 마련하신다. 첫 번째 크리스마스 때, 용감하고 복된 동정녀 마리아는 낯선 존재로 자신을 찾아오신 하나님께 마음과 자궁에 자리를 내어 드린다.

하나님은 우리를 위해 자리를 마련하시고 우리도 다른 사람들을 위해 그렇게 하기를 원하신다. 복음에는 환대가 가득하다. 복음은 낯선 이들을 위해 자리를 내어 주라고 말한다. 체류자들에게 자리를 내어 주라. 병자들, 아픈 사람들, 장애가 있는 사람들에게 자리를 내어 주라. 우리가 그렇게 할 때, 낯선 이들을 배려하고 그들을 환영하는 일에 힘을 쏟고 환대를 실천할 때, 그때 **우리는 하나님과 비슷해진다.**

그러나 주의할 것이 있다. 환대에 관한 한 누구도 모든 것을 다할 수 없고, 그런 시도를 해서도 안 된다. 우리는 유한한 피조물이다. 모든 사람을 대접할 수 없다. 우리의 공간은 충분히 크지 않다. 우리는 하나님이 아니다. 하나님과 **비슷할** 뿐이다. 하나님의 새 하늘과 새 땅에는 전 인류를 수용할 공간이 있다. 그 모든 은하계는 그들을 위한 것이다. 그러나 우리 인간은 유한하고, 타인을 수용하는 우리의 역량은 상당히 쉽게 한계에 이를 수 있다.

그래서 세상에서 가장 잘 환대하는 민족으로 손꼽히는 사막의 베두인족조차도 한계를 정해 두고 있다. 손님은 3일 정도만 머무는 것이 관례다. 베두인족의 속담에는 이렇게 나와 있다. "낯선 사람이 오거든 이틀 동안 먹을 것을 주라. 삼일 째는 작업 도구를 건네라."

우리의 역량은 한정되어 있다. 하지만 그렇다고 해도 우리는 생각보다 더 많이 자신을 열 수 있을 것이다. 우리의 태도에 너무나 많은 것이 달려 있다. 환대하는 태도를 가진 사람은 진땀을 빼지 않고도 남을 위한 자리와 시간을 마련할 수 있다. 그들은 환대를 하나님의 생명의 일부로, 천국에서 이루어지는 교류의 일부라고 생각하기 때문이다. 그리고 그들은 이 교류에 참여하기를 기뻐한다.

그러나 환대하지 않는 태도를 가진 사람들은 시간과 공간을 조금이라도 내놓아야 하는 상황을 만나면 녹초가 된다. 그들은 주변에 울타리를 너무 빠듯하게 두르기 때문에, 본인을 제외한 다른 사람이 들어설 여지가 없다. 이런 상태는 힘들다. 숨 쉴 공기가 없기 때문이다. 그들은 자신이 내뿜은 이산화탄소를 다시 들이마신다.

"환대를 실천하십시오." 이것이 제대로 살아가는 비결이다. 그리고 이것을 뼛속 깊이 아는 사람들이 있다.

나는 제2차 세계대전 기간에 유대인들을 집에 숨겨 준 용감한 그리스도인들을 자주 생각한다. 그 집주인들의 이야기를 읽으면서 나는 그들의 관대함이 얼마나 위험한 일이었는지, 그 일을 위해 그들이 얼마나 큰 위험을 감수했는지 알게 되었고 큰 감동을 받았다. 그들은 박해받는 유대인들에게 공간을 내주었고 사망의 음침한 골짜기 한가운데 그 일을 했다. 나치는 유대인들 뿐 아니라 그들을 숨겨 준 사람까지 다 강제 이송했기 때문이다.

환대하는 그 그리스도인들은 유대인들을 다락방에 숨겨 주었다. 그들은 돈이 많지 않았고 독일군 점령 기간 동안에는 권력도 영향력도 없었다. 그들이 가진 것은 집뿐이었다. 그들은 집을 샅샅이 파악하고 있었다. 집의 소리와 공간과 은신처를 알고 있었다. 그들은 집이 있었기에 가진 집을 내놓았다. 그 일로 목숨을 잃을 수 있다는 것을 알았지만 어쨌든 그렇게 했고 결과는 걱정하지 않았다.

그들은 하나님을 믿었고 언젠가 깨끗한 양심으로 하나님께 가기를 원했다. 그들은 그리스도를 믿었고 자신의 생명이 정말로 그분께 속했다고 믿었다. 그들의 목숨은 그들 것이 아니었고, 그 사실이 내가 지금 묘사하는 그 기간만큼 그들에게 위로가 되고 나치에겐 위협이 된 적이 없었다.

의로운 이방인들. 환대의 영웅들. 하지만 놀랍게도 그들은 자신의 활동이 의롭고 영웅적이라고 생각하지 않았다. 그들은 그것을 대단하게 생각하지 않았고 대수롭게 여기지 않았다. 자신들이 대단히 의롭다고 생각하지 않았다. 그들은 그저 자연스럽게 그 일을 했을 뿐이다.

어떻게 이런 일이 일어나는 것일까? 이와 같은 인격은 어디서 나올까?

그런 인격은 믿음과 행위에서 나온다. 그리고 이 행위는 예의 바름에서 나오고, 예의 바름은 선량한 풍속으로 흘러들고 거기서 다시 흘러나온다. 몇 가지 작은 행동을 하고 그것을 연습하라. 연습을 계속하면서 그것이 습관이 되게 하라. 이렇게 몇 가지 습관을 들이고 인격을 함양하라. 그 인격이 심판의 날에 우리 운명의 일부가 되게 하라. 심판의 날은 우리가 환대를 실천했는지 여부를 놓고 심문이 시작되는 날이다.

삼위일체 하나님, 모든 타자를 환대하시는 궁극적 주인이시여,
우리가 다른 이들을 위해 자리를 마련하고
예수님의 이름으로 그들을 환영할 수 있게 은혜를 주소서. 아멘.

만일 누군가가

욥 9:1-14, 32-35

만일 우리 사이에 손을 얹고 중재할 자가 있다면(욥 9:33, 현대인의 성경).

욥기는 성경에서 내기로 시작하는 유일한 책이다. 욥기 서두에서 하나님과 사탄이 논쟁을 하다가 내기를 걸고 그 결과로 논쟁을 마무리하기로 결정한다.

욥기 1장에서 하나님의 모든 천사들이 그분 앞에 와서 보고를 하는데, 하나님이 그중 한 천사를 지목하신다. 그의 이름은 사탄, 고발자라는 뜻이다. 하나님이 고발자에게 물으신다. 어디에 갔다 왔느냐? 사탄이 대답한다. 제가 있어야 할 곳에 있었습니다. 동서남북을 다 다니고 땅을 두루 돌아다니다가 왔습니다. 여기저기 둘러보면서 나쁜 놈들의 이름을 적었습니다.

하나님이 말씀하신다. 그래, 그럼 내 종 욥을 잘 살펴보았겠구나! 그에 대해서는 너도 약점 잡을 것이 없으리라 확신한다. 그 사람은 기둥처럼 똑바르지. 더없이 깨끗해. 세상이 욥 같은 사람들로 가득하다면, 너는 할 일이 없을 거다.

전혀 그렇지 않습니다, 하고 사탄이 말한다.

이어서 사탄은 이후 수 세기에 걸쳐 신자들의 마음을 후볐던 질문으로 반박한다. 내 종 욥을 보라고 말씀하신 하나님께 단순한 질문을 던진다. "욥이 어찌 까닭 없이 하나님을 경외하리이까"(1:9).

물론 욥은 하나님을 섬깁니다, 하고 사탄이 말한다. 당연히 섬기겠지요.

그 사람은 보기보다 똑똑합니다. 하나님이 그를 부자로 만드셨지요. 사도신경으로 신앙을 고백할 때마다 수표를 끊어 주시고요. 그 사람은 하나님을 섬깁니다. 당연한 일 아닙니까?

욥이 까닭 없이 하나님을 섬기겠습니까?

물론 이것은 수사 의문문이다. 이렇게 묻는 것과 같다. 교황이 장로교 신자입니까? 빌리 그레이엄이 「플레이보이」지 창간자입니까? 예상보다 저렴한 병원 청구서를 받는 일이 있습니까?

욥이 어찌 **까닭 없이** 하나님을 섬기겠습니까? 사탄은 그렇게 묻는다.

이렇게 해서 드라마의 막이 오르고 대결이 시작된다. 고발자는 욥이 가진 부를 보고 하나님께 말한다. 보십시오. 하나님은 이 사람의 믿음을 **매수하신** 겁니다. 큰 창고가 여럿이고 자녀들도 잘 자랐고 몸집이 자그마한 아내는 미인 대회 우승자 아닙니까. 양떼가 그득하고, 어디든 타고 다닐 수 있는 낙타가 우리에 가득 차 있으며 낙타들은 신형 사료 가방을 비롯한 온갖 장비를 갖추고 있습니다.

사탄이 말한다. 물론 욥은 하나님을 섬깁니다. 그는 골짜기 어느 쪽에 볕이 드는지 아는 겁니다. 그는 무지한 사람이 아닙니다! 이 사람의 믿음이 경매품이라면, 이제까지 하나님이 가장 높은 입찰 가격을 부르신 거지요. 하지만 하나님이 손을 드셔서 그가 가진 모든 것을 망가뜨려 보십시오. 그러면 건강과 부의 화신 같은 이 사람이 하나님을 면전에서 저주할 것입니다. 저는 욥이 하나님을 똑바로 쳐다보고 저주할 거라는 데 걸겠습니다!

주님이 말씀하신다. 좋다. 나는 욥이 그러지 않을 거라는 데 걸겠다.

그래서 욥은 말판에 던져져서 사탄의 손에 이리저리 옮겨지는 처지가 된다. 사탄은 영리하고 거칠고 폭력적이다. 그러나 그자도 하나님의 통제 아래 있다. 사탄은 핏불테리어이지만 하나님의 줄에 매여 있다고 말할 수 있다.

가엾은 욥은 이런 상황에 대해 아무것도 모른다. 그는 여기에 관여하지 않았다. 욥이 아는 거라곤 자신의 삶이 허물어지기 시작한다는 것이었다. 테러 분자들이 그의 소떼를 훔치고 종들을 죽인다. 벼락이 떨어져 양떼를 불태운다. 그리고 어느 날, 모래 폭풍이 불어와 욥 가족의 집을 박살 내고 지붕이 무너져 욥의 자녀들을 덮친다. 마침내 욥은 병이 들고, 잿더미에 앉아 대상포진이 난 몸을 돌보며 태어난 날을 저주하는 신세가 된다.

그러자 욥의 친구들이 그를 위로하러 온다. 고통을 겪는 쪽보다는 고통에 대해 이야기하는 쪽이 훨씬 낫다. 그리고 욥의 친구들은 말이 많은 사람들이다. 그들은 욥의 죽은 자녀들과 진물이 나는 상처와 비어 버린 은행 계좌를 보고 이 모두가 결국 좋은 결과를 가져올 거라고 말한다. 하나님께 징계받는 자에게는 복이 있다고 엘리바스가 말한다(5:17). 욥이 처한 모든 곤경은 모두 그의 유익을 위한 것이라고 말한다.

욥은 감동하지 않는다. 하나님이 적대적이 되실 때 우리는 어떻게 하는가? 하나님 없이는 살 수 없는데 그분을 전혀 이해할 수 없는 상황이 되면 어떻게 하는가? 하나님이 존재하신다. 이것은 문제가 아니다. 그러나 하나님이 뭔가 잘못된 것 같다. 하나님 안에서 뭔가 혼선이 일어난 느낌이다. 하나님이 뭔가에 홀리신 것 같다.

그럴 때 어떻게 하는가? 친구들한테서 진부한 말들을 들으면 될까? 배부른 목사에게 전화를 걸어 기도를 받을까? 목소리 좋은 사람의 교과서적인 답변이 도움이 될까?

우린 그런 답변들을 들어 본 적이 있다. 우리의 고통을 설명해 주고 싶어 하는 사람들이 있다. 그들은 이렇게 말한다. 하나님이 널 시험하시는 거야! 하나님이 널 강하게 하시는 거야. 하나님이 널 징계하시는 거야! 하나님이 네게 후두암을 주셨지만 걱정하지 마. 로마서 8:28 말씀에 따르면 "하나님을 사랑하는 자 곧 그의 뜻 대로 부르심을 입은 자들에게는 하나님이 모든 것을 합하여 선을" 이루시니까.

모두 한 번쯤 들어 본 말들이다. 욥도 이런 말을 듣고 있다. 친 구들이 끝도 없이 늘어놓는 사회적 통념을 듣고 있다. 자리에 앉아 그 모든 것을 들어야 한다는 것이 욥을 미칠 듯 고통스럽게 한다. 욥은 친구들이 늘어놓는 정통적인 답변들을 질리도록 듣다가 결 국 그들에게 간청하고 호소한다. 제발 부탁한다고. 그 입 좀 닥치 라고.

욥은 어리석은 사람들을 참지 않는다. 그에겐 손쉬운 답변이 들어설 여지가 없다. 믿었던 어른의 중대한 악행을 발견한 어린아 이처럼, 욥은 하나님의 성격 변화를 **혼란스러워한다**.

욥은 프란츠 카프카(Franz Kafka)의 소설 『소송』에 나오는 요 제프 K.와 같다. 이 소설에서 요제프는 감시를 당하다가 체포된다. 그 다음, 무슨 일인지 알아내지도 못한 채 재판을 받고 처형된다.

이것은 우리 모두 겪어 본 악몽과 비슷하다. 잠에서 깬 후 뭔가 꺼림칙한데 무슨 일인지는 기억나지 않는다.

욥의 경우도 마찬가지다. 그는 상황을 이해할 수가 없다. 어째서 이 모든 일이 일어났을까? **나**에게 왜 이런 일이 일어났을까? 하나님이 왜 이러시는 걸까?

엘리 비젤(Elie Wiesel)의 작은 자서전 『밤』(*Night*)에는 욥의 공포 중 일부가 담겨 있다. 소년 비젤은 아우슈비츠를 탈출했지만 그전에 이미 악몽 같은 인간의 악을 경험했다. 나치는 비젤의 어머니와 사랑하는 여동생을 살해했다. 비젤은 아버지를 제외한 나머지 가족 전부를 잃었다.

그리고 그는 우주의 심연을 들여다볼 수밖에 없었던 사람의 어조로 이 사실을 숙고한다. 여기 그의 말을 소개한다.

그날 밤을 절대 잊지 못할 것이다. 수용소에서의 그 첫날밤은 내 인생을 하나의 긴 밤으로, 일곱 배나 저주받고 일곱 배나 봉인된 밤으로 바꿔 놓았다. 그 연기를 절대 못 잊을 것이다. 아이들의 작은 얼굴을 못 잊을 것이다. 나는 그들의 몸이 연기로 변해 조용하고 푸른 하늘로 피어오르는 것을 보았다.

내 신앙을 영원히 태워 버린 그 불길을 결코 잊지 못할 것이다.

내 하나님과 내 영혼을 죽이고 내 꿈을 먼지로 만들어 버린 그 순간들을 결코 잊지 못할 것이다. 하나님만큼이나 오래 사는 저주를 받는다 해도 절대 못 잊을 것이다. 절대로.[1]

비젤은 기도를 멈추었다. 하지만 기도를 멈출 수 없었다. 그는 하나님에게 등을 돌렸지만 다시 하나님에게로 돌아섰다. 삶이 잘 못될 때 그분 말고 다른 누구에게 의지할 수 있는가? 다른 누구에게 소리칠 수 있는가? 다른 누가 거기 있는가?

욥의 경우도 마찬가지다. 그는 하나님과 더불어 살 수 없지만 하나님 없이도 살 수 없다. 때때로 그는 고발한다. 때때로 소리친다. 그러나 놓아 버리지는 않는다. 천국의 문을 계속해서 두들긴다. 손가락 마디가 으깨지고 손에서 피가 줄줄 흐를 때까지.

욥기의 끝에 가서도 욥은 하나님의 설명을 듣지 못한다. 그는 하나님의 신비와 하나님의 위대하심을 보게 된다. 하나님의 신비와 그분의 임재에 **압도**된다. 그러나 원하는 답을 다 얻은 것은 절대로 아니다. 대신 그는 조우한다. 그가 얻은 것은 하나님이다. 하나님이 얼마나 크게 임하셨던지 욥의 마음이 녹고 믿음이 소생한다. 그는 자신이 고발했던 하나님을 향해 믿음을 갖고 완전히 돌아선다.

하지만 이 일이 있기 전, 욥기 9장에서 우리는 욥이 모든 것을 포기할 준비가 된 것을 본다. 그는 인생이 미쳐 돌아간다고 열변을 토했다. 숨어 있지 말고 나타나서 당당하게 자신의 행동에 책임을 지시라고 하나님께 소리쳤다.

그러다 열변이 멈춘다. 아무 소용이 없다. 아무리 소리 질러 봐야 쓸데없다. 인간은 별 볼일 없는 하찮은 존재이지만, 하나님은 하늘을 펼치시고 바다의 파도를 밟으시는 분이다. 하나님은 모든 시대를 아우르는 영원한 분이다.

그렇다면 하나님의 능력과 인간의 약함이 만나 화해할 가능성이 있을까? 욥은 그것이 알고 싶다. 하나님은 우리를 만드실 수 있고 부수실 수도 있다. 우리를 사랑하실 수 있고 버리실 수도 있다. 우리에겐 승산이 없다. 우리가 아무리 절박해도, 하나님이 언제나 최종 결정권을 갖고 계신다. 또 그분은 결정적인 침묵으로 우리를 압박해 굴복하도록 만드실 수도 있다.

하나님의 이 침묵, 이 단호한 침묵이야말로 욥을 답답하게 만들고 미칠 듯한 분노로 몰아넣는다. 하나님이 도대체 **나타나시질** 않는다. 욥은 어떻게든 하나님을 보고 그분을 붙들고 법정으로 모시고 가서 답변을 들을 수 있기를 바란다. 그러나 보라. 그렇게 할 수 있는 방법이 전혀 없다. 우리와 영원하신 하나님 사이에는 다리가 없다.

"하나님은 나처럼 사람이 아니신즉 내가 그에게 대답할 수 없으며 함께 들어가 재판을 할 수도 없고"(욥 9:32).

그리고 그때, 혼란스러운 욥의 머릿속에 갑자기 어떤 생각이 떠오른다. 그리고 거의 동시에 욥은 그 생각이 터무니없다는 걸 깨닫는다. 하지만 그 생각은 되돌아온다. 마치 무엇인가, 또는 누군가가 욥에게 속삭이는 것만 같다. 욥은 그 생각을 이렇게 표현한다. "만일 우리 사이에 손을 얹고 중재할 누군가가 있을 수만 있다면"(9:33, 사역). 이 싸움에 개입할 제3자가 있다면, 당혹케 하는 하나님과 고통받는 사람을 이어 줄 누군가가 있다면 얼마나 좋을까. 중재자 말이다.[2]

욥과 하나님 사이의 간격을 뛰어넘는 이 한 줄기 생각이 떠오르자 하나님을 향한 욥의 응어리진 마음이 잠시 멈춘다. 더없이 아쉬운 마음으로 욥은 이상한 존재를 상상한다. 하나님과 인류 사이의 제3자, 욥의 표현을 빌리면, 우리 사이에 손을 얹어 줄 수 있는 누군가를 말이다. 이 중재자라면 이렇게 말할 수 있을 것이다. 욥, 이 부분에서 자네는 상황을 모르고 말했던 거야. 자네가 하나님을 비난했던 것은 성급한 일이었어. 그 다음, 심판은 하나님 쪽을 보고 이렇게 말할 것이다. 하나님, 하나님 쪽에서도 조정이 필요한 것 같습니다. 이 불쌍한 사람을 끔찍하게 괴롭히시고는 설명조차 거부하신 혹독한 처사에 대해서 말입니다.

욥은 하나님과 그 사이에 중재자가 있어서 한손은 하나님의 어깨에 다른 손은 자기 어깨에 얹어 주면 좋겠다고 말한다.

아, 물론 그것은 허황된 생각일 뿐이다. 욥은 고등학교 2학년 못지않게 잘 안다. 소원을 빈다고 해서 없는 존재가 현실로 나타나진 않는다는 것을. 한숨 쉬며 상상해 봐야 아무 소용없다. 그는 현실로 되돌아간다. 암중모색과 불평으로 되돌아간다. 번쩍이는 통찰—영감이라고 할 수도 있겠다—이 찾아왔지만 바로 다음 순간에 사라져 버린다. 욥의 어둠 속에 빛의 단어가 하나 있다. '중재자'라는 단어다. 그러나 그 단어는 육신을 입지 못한다.

하지만 욥의 이 단어에는 우리가 마음속 깊이 새겨야 할 힘과 아름다움이 담겨 있다. 고난 때문에 욥의 시각이 비뚤어진 것은 사실이다. 그는 자신의 중재자가 정말로 하나님을 바로잡아 드려야 한다고 생각한다. 그러나 욥의 시각이 부분적으로 초점을 잃기는 했어도, 그는 하나님과 인류가 화해하고 둘 사이의 불화가 끝나는 때를 상상한다. 욥의 암중모색 너머 어딘가에서 커튼이 잠깐 열리고, 그는 하나님의 가능성을 엿본다.

중재자가 필요하다. 우리와 하나님께 손을 얹어 줄 누군가가.

못 박힌 한 손은 저기 쓰레기더미 위 부서진 인간에게, 그리고 엉망이 된 다른 손은 하늘의 왕께. "만일……[그런] 누군가가 있을 수만 있다면," 한 사람의 도래로 하나님과 인류가 화해할 수 있을 텐데.

그런 일이 과연 일어날 수 있을까?

주 예수 그리스도여, 당신만이,

오직 당신만이 하늘과 땅의 모든 것을 화해시키실 수 있습니다.

아멘.

주

들어가며

1. Jonathan Edwards, *The Works of Jonathan Edwards*, vol. 2, *Religious Affections*, ed. John E. Smith (New Haven: Yale University Press, 1959), 96. (『신앙감정론』 부흥과개혁사)

1. 하나님의 날개 아래

1. 이 글은 다음 원고를 수정하여 실었다. Cornelius Plantinga Jr., "Can God Be Trusted?," *Christianity Today*, vol. 42, no. 7 (June 15, 1998): 45-48, https://www.christianitytoday.com/ct/1998/june15/8t7045.html.
2. John Timmer, *God of Weakness: How God Works through the Weak Things of the World* (Grand Rapids: Zondervan, 1988), 42.

2. 활보하시는 하나님

1. Donald Juel, "Reflections on Mark's Gospel," St. Olaf Conference on

Theology and Music, St. Olaf College, July 17, 1997.

2. C. S. Lewis, *Christian Reflections* (Grand Rapids: Eerdmans, 1967), 120-121. (『기독교적 숙고』 홍성사)

3. Juel, "Reflections on Mark's Gospel."

3. 네 지성을 다하여

1. 이 글은 다음 원고를 수정하여 실었다. Cornelius Plantinga Jr., "Pray the Lord My Mind to Keep," *Christianity Today*, vol. 42, no. 9 (August 10, 1998): 50-52, https://www.christianitytoday.com/ct/1998/august10/8t9050.html.

2. Howard Lowry, "The Apprentice's Secret," in *College Talks*, ed. James R. Blackwood (New York: Oxford University Press), 172.

3. Dietrich von Hildebrand and Alice von Hildebrand, *The Art of Living* (Manchester, NH: Sophia Institute, 1965), 75-76.

4. 그분이 당신이십니까?

1. Barbara Brown Taylor, "A Cure for Despair," in *God in Pain: Teaching Sermons on Suffering* (Nashville: Abingdon, 1998), 22.

5. 피할 수 없는 하나님

1. C. S. Lewis, *The Great Divorce* (New York: Macmillan, 1963), 18-19. (『천국과 지옥의 이혼』 홍성사)

2. Paul Tillich, *The Shaking of the Foundations* (New York: Scribner's Sons, 1955), 42-45. (『흔들리는 터전』 뉴라이프)

3. Augustine, *Confessions* 10.17.38, trans. Henry Chadwick (Oxford: Oxford University Press), 201. (『성어거스틴의 고백록』 대한기독교서회)

6. 오래 참음으로 옷 입으십시오

1. 이 글은 다음 원고를 수정하여 실었다. Cornelius Plantinga Jr., "Trying Patience on for Size," *Christianity Today*, vol. 43, no. 2 (February 8, 1999): 56-58, https://www.christianitytoday.com/ct/1999/february8/9t2056.html.

2. Erma Bombeck, *Forever, Erma: Best-Loved Writing from America's Favorite Humorist* (Kansas City, MO: Andrews McMeel, 1996), 219.

3. C. S. Lewis, *The Screwtape Letters*, in The Complete C. S. Lewis Signature Classics (New York: HarperOne, 2002), 131. (『스크루테이프의 편지』 홍성사)

7. 그 동안에

1. 이 글은 다음 원고를 수정하여 실었다. Cornelius Plantinga Jr., "In the Interim," Christian Century, December 6, 2000, 1270-1272, https://www.christiancentury.org/article/interim. Copyright © 2000 by the Christian Century. Reprinted by permission from the Christian Century.

2. C. S. Lewis, *Mere Christianity* (New York: Macmillan, 1960), 66. (『순전한 기독교』 홍성사)

3. Paula Fredriksen, comment in "The Thought of Boethius," PhD seminar hosted by Karlfried Froehlich, Princeton Theological Seminary, Princeton, NJ, September 1975.

4. Justo González, *Alabadle!* (Nashville: Abingdon, 1996), 18.

5. Lewis Smedes, *Standing on the Promises: Keeping Hope Alive for a Tomorrow We Cannot Control* (Nashville: Nelson, 1998), 173.

6. Abraham Davenport, quoted in Timothy Dwight, *Connecticut Historical Connections*, 2nd ed. (1836), compiled by John Warner Barber (New York: Arkose, 2015), 403.

8. 만약의 경우를 위한 신

1. Martin Luther, *Large Catechism*, ed. Henry Eyster Jacobs (Philadelphia: United Lutheran Publication Society, 1911). https://www.lutheranlibrary. org/pdf/194-jacobs-luther-large-catechism.pdf. (『마르틴 루터 대교리문 답』 복 있는 사람)

2. Karl Barth, *Church Dogmatics*, vol. IV/1, The Doctrine of Reconciliation, ed. G. W. Bromiley and T. F. Torrance (Edinburgh: T&T Clark, 1956), 428. (『교회 교의학 4/1: 화해에 대한 교의 제1권』 대한기독교서회)

9. 높이 들린 그리스도

1. Frederick Buechner, *Telling the Truth: The Gospel as Tragedy, Comedy, and Fairy Tale* (San Francisco: Harper & Row, 1977), 90. (『진리를 말하다』 비아토 르)

2. Jürgen Moltmann, *The Crucified God: The Cross of Christ as the Foundation and Criticism of Christian Theology* (New York: Harper & Row, 1974), 40. (『십자가에 달리신 하나님』 대한기독교서회)

3. C. S. Lewis, *The Lion, the Witch, and the Wardrobe* (New York: Scholastic, 1955), 163. (『사자와 마녀와 옷장』 시공주니어)

10. 받는 쪽

1. 이 글은 다음 원고를 수정하여 실었다. Cornelius Plantinga Jr., "In the Word: On the Receiving End," *Christianity Today*, vol. 44, no. 1 (January 10, 2000): 72-73, https://www.christianitytoday.com/ct/2000/ january10/31.72.html.

2. Scott Hoezee, *The Riddle of Grace: Applying Grace to the Christian Life* (Grand Rapids: Eerdmans, 1996), 99-109.

3. Joel B. Green, *The Gospel of Luke*, ed. Gordon D. Fee, New International Commentary on the New Testament (Grand Rapids: Eerdmans, 1997), 650-651. (『NICNT 누가복음』 부흥과개혁사)

11. 가인의 표

1. 이 글은 다음 원고를 수정하여 실었다. Cornelius Plantinga Jr., "Murder, Envy, and the Harvest Princess," *Christianity Today*, vol. 35, no. 14 (November 25, 1991): 26-28, https://www.christianitytoday.com/ct/1991/november-25/murder-envy-and-harvest-princess-what-really-poisoned.html.

12. 자기기만

1. William Manchester, *The Last Lion: Winston Spencer Churchill*, vol. 2, Alone: 1932-1940, 3 vols. (Boston: Little, Brown, 2012), 84-86, 137-138, 205-206.
2. 같은 책, 2:223.
3. C. S. Lewis, *Mere Christianity* (New York: Macmillan, 1960), 174. (『순전한 기독교』홍성사)

14. 부활을 두려워하는 이유

1. Susan Wise Bauer, "Stephen King's Tragic Kingdom," *Books & Culture*, March/April 1997, 14.
2. Frederick Buechner, "The End Is Life," in *The Magnificent Defeat* (New York: HarperOne, 1966), 77.

15. 이웃 사랑

1. Mary Kay Magistad, "Cambodian Artist after Khmer Rouge," *Morning Edition*, NPR, 1998년 9월 3일, https://www.npr.org/1998/09/03/1024779/cambodian-artist-after-khmer-rouge.

17. 겸손으로 옷 입으십시오

1. Anne Lamott, *Bird by Bird: Some Instructions on Writing and Life* (New York: Anchor, 1994), 124. (『쓰기의 감각』 웅진지식하우스)

18. 멀리 떨어져 있는 모든 사람

1. Halford E. Luccock, "A Dangerous Pentecost," in *Marching Off the Map and Other Sermons* (New York: Harper, 1952), https://www.sermoncentral.com/sermon-illustrations/22813/in-his-sermon-a-dangerous-pentecost-halford-by-sermon-central.
2. "Amazing Grace with Bill Moyers," 1990, PBS, https://vimeo.com/467526919.
3. 같은 사이트.

19. 환대를 실천하십시오

1. Judith Martin, *Miss Manners' Guide for the Turn of the Millennium* (New York: Pharos, 1989), 199.
2. 같은 책, 199.
3. 같은 책, 133.
4. 같은 책, 66.

20. 만일 누군가가

1. Elie Wiesel, *Night* (New York: Bantam, 1982), 32. (『나이트』 예담)
2. 이 단락과 이 묵상의 여러 부분의 요지는 나의 멘토 Douglas E. Nelson에게 빚졌다.